Le règne de Dieu

La série *L'Epée de l'Esprit*:
1. La prière efficace
2. Connaître le Saint-Esprit
3. Le règne de Dieu
4. Une foi vivante
5. La gloire dans l'Église
6. Le ministère de l'Esprit
7. Connaître le Père
8. Atteindre les perdus
9. Ecouter Dieu
10. Connaître le Fils
11. Le salut par la grâce
12. Adorer en Esprit et en vérité

www.swordofthespirit.co.uk

Copyright 2007, 1997, auteur Colin Dye.
Deuxième édition en anglais
Copyright 2019, 2016, 2009, 1997, auteur Colin Dye
Première édition en français

Kensington Temple
KT Summit House
100 Hanger Lane
London, W5 1EZ

Tous droits réservés. Aucune partie de cette publication ne peut être reproduite, enregistrée ni transmise sous quelque forme que ce soit, par un moyen électronique, mécanique, photocopie, ou autre, sans la permission écrite de l'auteur.

Les citations bibliques, sauf mention spéciale sont tirées de la version Segond Révisée 1975.

L'Epée de l'Esprit

Le règne de Dieu

Colin Dye

Sommaire

Introduction		7
1	Le royaume	11
2	L'appel du royaume	29
3	Les attitudes du royaume	53
4	Le monde et le royaume	81
5	La justice dans le royaume	95
6	La vie spirituelle dans le royaume	107
7	La vie physique dans le royaume	123
8	Le jugement dans le royaume	137
9	La réalité du royaume	149

Introduction

Il est absolument vital que vous compreniez de la bonne manière le titre de ce livre de la série *Epée de l'Esprit*. C'est « le règne de Dieu » et non pas « les régulations de Dieu ». Or il y a une grande différence entre règne et règlement, entre domination et régulations.

La période qui s'écoule entre le don de la « loi » à Moïse sur le Mont Sinaï et la venue de Christ a été l'âge des « Règles de Dieu ». A cette époque, à cause de leur péché et leur désobéissance, les enfants de Dieu ne pouvaient pas connaître Dieu de manière intime et personnelle. Ainsi les prêtres agissaient comme des médiateurs entre Dieu et son peuple, les prophètes transmettaient la parole de Dieu, les juges et les rois gouvernaient le peuple et « la Loi » dominait sur eux tous.

Les gens qui aimaient Dieu et voulaient lui plaire devaient observer toutes ses règles, la totalité des préceptes donnés par Moïse et rapportés dans l'Exode, le Lévitique et le Deutéronome. C'était seulement par l'observation de toutes ces règles que le peuple pouvait connaître Dieu et être accepté par lui.

Mais l'époque des « Règles de Dieu » se termina avec la venue du « Royaume de Dieu » en Christ. A cause de l'obéissance parfaite du Christ et de sa mort sacrificielle, tout le monde pouvait maintenant connaître Dieu personnellement et intimement. Le souverain sacrificateur ou grand prêtre avait, une fois pour toutes agi comme médiateur afin que nous puissions tous nous approcher nous-mêmes de Dieu. Le grand prophète était venu comme la Parole incarnée de Dieu afin que nous sachions exactement à quoi Dieu ressemblait, que nous puissions le connaître à titre personnel et puissions l'entendre nous parler à chacun. Le Juge de toute la terre, le

Le règne de Dieu

Roi des rois gouverne personnellement son peuple avec grâce et miséricorde. Il domine lui-même suprêmement sur tous ceux qui se soumettent à son autorité.

Nous verrons que le Nouveau Testament montre clairement que la venue du Christ nous a libérés de la loi mosaïque. Nous sommes appelés maintenant à être gouvernés par notre Dieu plein de grâce et de miséricorde plutôt que par un ensemble de règles. En bref, cela signifie que nous vivons dans et par le Saint-Esprit en suivant sa direction dans notre vie et non les prescriptions des lois religieuses ou morales.

Combien il est triste, dès lors, de voir certains leaders chrétiens essayer de ramener le peuple de Dieu dans le légalisme, en recommandant vivement aux croyants de vivre selon les règles de l'Ancien Testament (ou plutôt de respecter une petite sélection de ces lois) et de continuer à introduire des règles humaines et des règlements dans l'église.

Ce livre s'adresse essentiellement aux croyants qui sont d'accord de mettre de côté leurs propres idées sur le royaume et d'étudier la parole de Dieu pour eux-mêmes, pour découvrir ce que Dieu y révèle sur la vie qu'il attend de leur part.

Pour bénéficier de ce livre au maximum, veillez à lire chaque référence biblique citée. Avant de passer à une nouvelle section, veuillez repenser attentivement aux implications de ce que vous avez étudié, pour vous-mêmes et pour ceux qui vous entourent. Permettez à Dieu de vous parler alors que vous étudiez sa Parole.

Il y a un matériel supplémentaire qui est mis à votre disposition pour faciliter votre apprentissage. Le fascicule « Révision des Connaissances », ainsi que des séries de questions sous forme de quiz ou d'examen vous permettront de tester, mémoriser et d'appliquer vos connaissances.

Vous pourrez aussi utiliser l'additif « Révision des Connaissances » avec un petit groupe. Libre à vous de sélectionner dans la prière le contenu des suppléments du cours qui vous paraît le plus adapté à votre groupe. Cela signifie que selon les réunions vous pourrez utiliser tout ou

Introduction

partie du matériel disponible. Vous êtes encouragés à utiliser votre bon sens et votre discernement spirituel. Sentez-vous libres de photocopier ces pages et les distribuer aux groupes que vous pourriez diriger.

Ma prière est qu'au moment où vous aurez fini d'étudier ce livre, vous puissiez voir le royaume de Dieu plus clairement, que vous y entriez plus profondément et que vous vous soumettiez au règne de Jésus et soyez dirigés par lui dans tous les domaines de votre vie. Je prie que vous viviez comme quelqu'un qui a été libéré des régulations et libéré pour vivre sous la domination et le règne personnels du Roi des rois.

Colin Dye

Chapitre Un

Le royaume

Le royaume de Dieu, ou le royaume des cieux, est le thème principal abordé par Jésus. Il enseigne beaucoup plus sur le royaume que sur tout autre sujet. L'évangile de Matthieu qui est adressé à des lecteurs juifs, l'appelle « le royaume des cieux », alors que Marc et Luc utilisent l'expression « le royaume de Dieu ».

Il est presque certain que Matthieu utilise les mots « royaume des cieux » parce que les Juifs évitaient d'utiliser le nom de Dieu et qu'il ne voulait pas offenser ses lecteurs. Mais ces deux expressions désignent la même réalité, comme le montre la comparaison entre Matthieu 5:3 et Luc 6:20.

Qu'est-ce que le royaume?
Le mot grec pour royaume, *basileia* vient du mot *basileus* qui signifie: roi. *Basileia* porte le sens de souveraineté, puissance royale, domination, autorité royale et désigne en un mot l'activité qui consiste à gouverner. Ce terme ne désigne donc pas le pays ou le peuple sur lequel règne un roi.

Lorsque nous pensons au « royaume » en français aujourd'hui, on a tendance à penser à un pays ou à une nation. Mais *basileia* signifie « règne de Dieu » plutôt que « domaine de Dieu ». Ce mot décrit une activité de Dieu plutôt qu'une nation ou qu'un endroit. Il détourne notre attention de nous-mêmes et l'attire vers Dieu. Dans la tentative de refléter cette importante vérité et d'éviter tout malentendu, ce livre s'intitule « Le Règne de Dieu » plutôt que « Le Royaume de Dieu ».

Cette distinction est cruciale si l'on considère quelle sorte de relation nous avons avec Dieu et comment son règne vient sur la terre. Chaque fois que quelqu'un essaye de construire

Le règne de Dieu

le royaume de Dieu sur la terre par des règles religieuses, des lois ou des structures politiques, il s'éloigne des plans de Dieu. Jésus a dit dans Luc 17:20-21 que le royaume ne se manifeste pas de manière visible, « apparente ». Ce royaume n'a rien à voir avec un système terrestre, national, géographique, politique ou socio-économique. Mais le « royaume » est le règne spirituel de Dieu dans le coeur de ceux qui appartiennent à son peuple.

Cette utilisation du mot « royaume » pour désigner une activité de gouvernement se retrouve dans des passages de l'Ancien Testament tels que Psaume 22:29; 103:19; 145:8-13 et Daniel 4:25. Ces textes décrivent le royaume de Dieu dans des termes qui font ressortir la grâce avec laquelle il exerce sa domination. L'idée de régner en tant qu'activité est spécialement claire dans le Nouveau Testament dans Matthieu 6:10, Luc 11:2 et 19:11-25 où la venue du royaume est rattachée au fait de faire la volonté de Dieu. (Dans la version Segond ou Colombe « règne » et non « royaume » traduit toutefois toujours le même mot grec *basileia*).

L'arrière-plan hébreu

Bien que dans les Ecritures du peuple hébreu, l'expression « royaume de Dieu » ne soit jamais utilisée, la notion du royaume se retrouve dans tout l'Ancien Testament. Dieu est souvent décrit comme le roi d'Israël, par exemple dans Exode 15:18, Deutéronome 33:5, Esaïe 43:15 mais aussi comme le roi de tous les hommes, Jérémie 46:18. Les passages de Deutéronome 4:3, 1 Chroniques 29:11 et Abdias 1:21 se réfèrent à son royaume ou son règne.

Toutefois le concept du règne de Dieu n'est pas seulement visible dans les passages faisant allusion à ses attributs royaux. Il a un caractère fondateur pour tout l'Ancien Testament. Par exemple, l'alliance donnée au Mont Sinaï par Moïse affirme l'autorité, la royauté et la domination de Dieu sur son peuple. Dieu est souverain et il règne.

Dans l'Ancien Testament, d'un certain point de vue, le royaume ou le règne de Dieu est la fois présent et futur. Dieu

Le royaume

est présenté comme le dominateur présent et suprême des hommes et des femmes mais, dans des passages tels qu'Esaïe 24:23, les prophètes attendaient aussi le temps où Dieu régnerait sur son peuple de manière manifeste.

Quand l'époque de Jésus arriva, il y avait parmi les Juifs une espérance et une attente très répandues d'une intervention décisive de Dieu pour les libérer de leurs ennemis et leur rendre leurs possessions et leurs richesses. Ils croyaient que le Messie, un autre David, viendrait et ouvrirait la voie au royaume ou au règne visible de Dieu parmi eux.

Certains Juifs attendaient un autre leader qui devait être un souverain terrestre encore plus grand que David. D'autres s'attendaient à un royaume céleste et l'émergence d'un « Fils de l'homme » comme annoncé dans Daniel 7. La plupart d'entre eux n'avaient probablement pas d'idée claire sur ce à quoi le royaume devait ressembler, ils espéraient simplement et croyaient qu'il serait bientôt présent.

Le concept du royaume, tel qu'il ressort dans l'Ancien et le Nouveau Testament, a parfois fait l'objet d'une comparaison. Dans le Nouveau Testament, et particulièrement dans la notion que Jésus avait du royaume, bien qu'il y ait certainement une continuité avec l'idée de l'Ancien Testament, la nature du royaume est révélée d'une manière beaucoup plus complète et explicite. Par exemple, nous découvrirons plus loin que la portée du royaume est universelle plutôt que limitée à Israël et que son inauguration décisive est intimement liée à la personne et au ministère de Jésus.

L'annonce de Jean
Matthieu 3:2 rapporte la première annonce faite par Jean Baptiste selon laquelle le royaume de Dieu était proche. Il nous est difficile de réaliser la sensation qu'a dû faire cette nouvelle à l'époque. Le message de Jean avait dû avoir une signification énorme à un moment où les Juifs s'attendaient à ce que la venue du royaume de Dieu soit le point tournant de

Le règne de Dieu

leur histoire. Ils avaient raison. Cela allait bien être le cas. Mais le royaume ne prit pas la forme qu'ils attendaient.

Les leaders religieux juifs avaient raison de croire que la venue du royaume signifiait que Dieu ne régnerait plus à distance. Mais ils ne réussirent pas à comprendre que cela indiquait qu'il cesserait d'exercer son pouvoir à travers un ensemble complet de règles, à savoir la Loi. Au lieu de cela, la venue de Dieu en personne pour établir son royaume signifiait qu'il exerçait maintenant son pouvoir personnellement, par le Fils et l'Esprit.

Ils avaient également raison de croire que le royaume chasserait leurs ennemis, mais malheureusement, ils s'étaient trompés sur leur *véritable* ennemi. Ils croyaient enfin, et cela était juste, que le royaume s'étendrait sur toute la terre. Néanmoins ils pensaient à tort que ces événements arriveraient immédiatement ou par la force. En Christ, Dieu n'était pas venu imposer son règne à tous les hommes, mais simplement exercer son pouvoir sur ceux qui accepteraient volontairement son règne.

Matthieu 3:1–12 et Luc 3:7–20 montrent comment Jean Baptiste a enseigné que la venue du royaume ou du règne de Dieu:

- ◆ Signifierait le jugement, le passage au crible et la purification de toute l'humanité
- ◆ Signifierait le fait de lancer un défi moral qu'on ne pouvait ignorer
- ◆ Signifierait le fait d'être connecté avec l'activité de Jésus
- ◆ Signifiait que le peuple devait se repentir et être baptisé.

Le royaume présent
Jésus a commencé son ministère en annonçant dans Marc 1:14–15 que le temps était venu et que le royaume de Dieu était proche. Cela devait signifier qu'un événement de grande envergure était sur le point d'arriver. Dans Matthieu

Le royaume

12:28 et Luc 11:20, Jésus répète son affirmation selon laquelle le royaume est venu et le démontre en chassant des démons. Cette autorité sur les esprits mauvais montrait que le royaume des cieux avait fait irruption dans l'empire du diable et aussi que le vrai roi exerçait son pouvoir plus efficacement.

Dans Luc 10:1–2, lorsque Jésus envoya prêcher les soixante-douze disciples, ils annoncèrent la venue du royaume et le résultat fut que « Satan tomba du ciel comme un éclair ». Toutes les activités miraculeuses de Jésus prouvaient que le royaume était venu.

Lorsque Jean Baptiste commença à douter du fait que Jésus soit bien celui pour lequel il avait été envoyé et dont il avait annoncé la venue, il envoya ses disciples chercher une réponse à sa question. Matthieu 11:2–5 et Luc 7:18–23 décrivent ce qui les convainquit que Jésus était bien celui qui inaugurait le royaume.

Jésus ne promit pas seulement des miracles dans l'avenir et le pardon au jour du jugement, mais il les donna lui-même sur le champ. Le royaume vint dans et avec Jésus. En tant que Messie attendu depuis longtemps, Jésus est au centre de tout ce que les Evangiles annoncent sur le royaume et le royaume est au centre de tout ce que Jésus enseigne.

- ◆ Il est présenté comme le Fils bien-aimé à son baptême, Matthieu 3:17
- ◆ Il est annoncé comme le bien-aimé Fils de Dieu lors de sa transfiguration, Matthieu 17:5
- ◆ Il est rempli de l'Esprit de Dieu, Matthieu 3:16
- ◆ Il est investi d'une pleine autorité de Dieu, Matthieu 21:27
- ◆ Les Ecritures sont accomplies dans sa venue, Luc 4:21, Matthieu 5:17
- ◆ Il est venu annoncer le royaume ou le règne de Dieu, Marc 1:38

Le règne de Dieu

- ◆ Il est venu chercher et sauver ce qui était perdu, Luc 19:10
- ◆ Il est venu servir les autres et donner sa vie en rançon pour beaucoup, Marc 10:45
- ◆ Le secret pour appartenir au royaume ou au règne de Dieu consiste à appartenir à Jésus, Matthieu 7:23 ; 25:41.

Dans la bouche de Jésus, le royaume était arrivé, était venu, avait commencé, était au milieu du peuple. Il était une réalité présente. Mais Jésus enseignait aussi, dans Matthieu 11:11–12, Luc 7:28 et 16:16 qu'il y avait une certaine violence associée à la venue du royaume.

Cela ne signifiait pas que le royaume était établi par la violence physique. Jésus désignait plutôt l'hostilité du monde face au royaume. Jean avait déjà souffert et avait déjà été emprisonné. Jésus avertissait ceux qui étaient prêts à accepter sa domination qu'ils devaient s'attendre à de l'hostilité, pas seulement à venir, mais présente.

Le royaume futur

Si Jésus enseignait que le royaume était venu, il enseignait aussi que le royaume n'était « pas encore ». Par exemple dans Matthieu 5:1–10, beaucoup des bénéfices attachés au royaume sont placés dans le futur. Même si les « heureux » possèdent déjà le royaume, il y a encore quelque chose qui reste à venir, la consolation, l'héritage, la miséricorde…et c…

La prière de Jésus dans Matthieu 6:10 concerne aussi à la fois le présent et l'avenir. Si le royaume était pleinement venu, nous n'aurions pas besoin de prier pour qu'il vienne.

Dans Matthieu 7:21–22, Jésus se réfère à un jour futur de jugement quand il parle d'entrer dans le royaume. Nous trouvons pratiquement la même allusion dans Matthieu 8:11 et Luc 13:28–29. Durant tout son ministère, Jésus avait les yeux fixés sur le jour où le royaume viendrait. Nous le voyons dans Matthieu 13:42–43 ; 16:27–28 ; 20:21 ; 26:29, Marc 9:1 ; 10:37 ; 14:25 et Luc 22:18.

Le royaume

En étudiant et en examinant le règne de Dieu, nous devons toujours garder ces deux éléments en mémoire. Le royaume est à la fois « maintenant » et « pas encore ». Nous pouvons expérimenter le règne de Dieu maintenant mais nous avons aussi les yeux fixés sur l'avenir pour le connaître dans le futur. Il y a beaucoup de choses qui nous sont réservées pour maintenant, mais il y a encore plus de choses à venir.

Cela signifie que nous devons travailler à établir le royaume de Dieu maintenant, mais nous devrions travailler en sachant que le royaume ne sera pas pleinement établi avant une date future. Trop de croyants se fixent soit sur le présent soit sur l'avenir. Certains sont préoccupés par le service de Dieu sur la terre, mais ils ne bénéficient pas de l'espérance et la joie qui deviennent nôtres quand on regarde au royaume qui vient. D'autres sont tellement préoccupés par « les derniers jours » qu'ils n'établissent pas le royaume autour d'eux sur la terre. Une bonne compréhension et application du royaume embrasse à la fois le présent et le futur, comme le fit le Christ.

Les aspects du royaume

Si nous voulons saisir exactement ce qu'est le royaume, nous devons comprendre quatre aspects principaux à son sujet:

Il appartient à Dieu

C'est le royaume *de Dieu*. C'est une activité de Dieu continuelle et souveraine. C'est lui qui contrôle tout. Il est seul à régner. Ce n'est pas une démocratie! Ce n'est pas une invitation aux bonnes oeuvres ou aux actions sociales. Dieu lui-même a agi dans l'histoire et il exige de tout homme et toute femme le suprême renoncement de soi. Cette réalité se retrouve dans le Psaume 22:29 qui dit que le règne appartient au Seigneur.

Il est dynamique et puissant

Tout ce qui se rapporte à Dieu ne peut être faible ni inefficace. Le royaume n'est pas une expérience passagère. C'est la venue en permanence du roi tout puissant pour régner sur son

Le règne de Dieu

peuple et mettre ses ennemis en déroute. Dans Luc 11:20–22, Jésus décrit l'existence présente du royaume dans les termes du renversement d'un homme fort et armé. Le puissant renversement des forces démoniaques est au centre de la réalité du royaume.

Il vient avec des signes et des prodiges

Lorsque Jean-Baptiste était en prison, il envoya ses disciples demander à Jésus s'il était vraiment « celui qui devait venir » ou, en d'autres termes, si Jésus était vraiment le Messie. Il semblait presque que Jean doutait du ministère de Jésus. Peut-être s'attendait-il à un genre de règne différent, un royaume qui renverserait Rome et conduirait Israël à une victoire complète sur ses ennemis.

Pour réponse, Jésus leur dit de retourner vers Jean et lui rapporter les choses dont ils avaient été témoins concernant les paroles et les oeuvres de Jésus: les aveugles voyaient, les paralytiques marchaient, les lépreux étaient purifiés et les sourds entendaient, les morts ressuscitaient et les pauvres recevaient le message du royaume (Matthieu 11:5).

C'étaient là les signes qui montraient que le Messie était venu et avec lui le royaume de Dieu. Plus tard, Jésus expliqua que le royaume avançait par la force, laissant entendre par là que le «royaume» de Satan était repoussé (Matthieu 11:12). La preuve de cela était que les oeuvres de Satan étaient détruites par les signes, les miracles et les oeuvres puissantes de Jésus, et que le peuple se soumettait au règne de Dieu.

Il est établi par Jésus

Dans Luc 1:32 à 33, un ange présente Jésus comme celui qui occupera le trône de David et dont le règne n'aura point de fin. Dans son annonce du royaume, Jean-Baptiste montre aussi clairement le lien qui unit Jésus au royaume de Dieu. Dans les Evangiles, le royaume et le Fils de l'homme sont inséparables, par exemple dans Matthieu 16:28 et Marc 9:1. Cela signifie que

Le royaume

Jésus le Messie, le Christ, le Oint, est l'agent de Dieu et agit en son nom pour établir le royaume de Dieu.

Il est pour le salut

La venue du royaume montre l'activité royale de Dieu déployée pour atteindre, sauver et bénir des hommes de toutes les nations et toutes les générations. Le fait que les démons sont chassés prouve la puissance du roi, les guérisons démontrent sa compassion mais le pardon des péchés est le miracle le plus important dans le royaume, comme nous le voyons par exemple dans Luc 5:20–21.

Le mystère du royaume

Une bonne partie de l'enseignement de Jésus sur le royaume est donnée sous la forme de paraboles. Matthieu 13:1–52, Marc 4:10–12 et Luc 8:9–10 montrent comment Jésus utilise des paraboles pour révéler ce qui avait été caché, mais le révéler seulement à ceux qui voulaient vraiment apprendre la vraie signification du royaume. Sa manière de parler en paraboles garantissait que le royaume resterait caché à ceux qui ne le cherchaient pas avec sérieux.

En particulier, Jésus se réfère au « mystère » ou au « secret » du royaume. Le mot *musterion* signifie « quelque chose qui était auparavant caché mais a maintenant été révélé. » La révélation particulière que Jésus a apportée par les paraboles était que le royaume viendrait d'abord sous une forme spirituelle avant de venir dans sa manifestation entière et finale à la fin des temps.

Concernant cette forme de communication de Jésus, cela signifie que seuls ceux qui sont déterminés à comprendre et à entrer dans le royaume, seuls ceux qui ont une attitude et une mentalité ouvertes et réceptives, comprendront les paraboles de Jésus et du royaume. Il y a plusieurs thèmes qui semblent former le fil conducteur des paraboles.

Une croissance assurée

La croissance apparaît dans plusieurs paraboles du royaume

rapportées dans Matthieu 13, par exemple celle du semeur (verset 1 à 23), de l'ivraie (versets 24 à 30) et du grain de moutarde (versets 31 à 32).

S'il n'y a qu'un type de «terrain» sur les quatre qui est être productif, néanmoins il conduit à des résultats impressionnants. Il peut sembler difficile d'identifier la « bonne semence » dans le royaume mais elle est continuellement en train de grandir jusqu'à la moisson de Dieu. Ce qu'il y a de sûr, c'est que son point de départ peut paraître insignifiant, mais une croissance étonnante le suit toujours.

Une grande opposition
Les épines dans la parabole du semeur et l'ennemi dans celle de l'ivraie montrent que le royaume rencontre de l'opposition à tous les virages. Même s'il y a une croissance, elle rencontre toujours une résistance.

Une nature cachée
La parabole du levain, au verset 33, montre que par des méthodes qui passent inaperçues, on peut obtenir des résultats extraordinaires. C'est exactement l'inverse de la pensée et de la pratique qui ont cours dans le monde.

Une grande valeur
Les paraboles du trésor (verset 44) et de la perle (versets 45 à 46) montrent la valeur incomparable du royaume, toutefois sa valeur n'est ni appréciée ni recherchée par tous.

Un mélange qui laisse perplexe
Les paraboles du filet (versets 47 à 52) et de l'ivraie (versets 24 à 30) montrent que les justes et les injustes restent mêlés dans le monde jusqu'à la fin des temps. Il ne faut pas chercher à les séparer avant la fin, car seul le roi peut agir en tant que juge. Nous ne pouvons faire confiance qu'à lui pour distinguer correctement entre les deux et ne pas endommager un des justes par erreur.

Le royaume

Une nature internationale
La parabole des vignerons, dans Matthieu 21:33-46 implique que le royaume n'est pas seulement pour les Juifs mais aussi pour les membres d'autres nations.

La repentance et l'obéissance
La parabole des deux fils, dans Matthieu 21:28-32 montre le besoin de repentance et d'obéissance. Même les collecteurs d'impôts et les prostituées entreront dans le royaume et devanceront les leaders religieux, s'ils remplissent les conditions d'entrée et que les leaders en question ne les remplissent pas.

Des avertissements sévères
La parabole des dix vierges dans Matthieu 25:1-13 et celle du festin des noces dans Matthieu 22:1-14 donnent de sévères avertissements à ceux qui ignorent où traitent à la légère l'appel du royaume. Bien que cet avertissement soit mis au futur, notez que le défi qu'il nous lance est présent.

Le royaume dans le Nouveau Testament
Nous avons noté que le royaume est le thème prédominant de l'enseignement de Jésus. Il est surtout présent dans Matthieu, Marc et Luc, et spécialement dans Matthieu. Dans ce livre, nous examinerons beaucoup de choses dans l'enseignement de Jésus sur le royaume. Toutefois nous baserons notre étude sur la première partie de Matthieu appelée communément « le sermon sur la montagne ».

Matthieu 5 à 7 contient l'enseignement le plus clair de Christ sur le royaume, et pourtant beaucoup de gens comprennent mal ces chapitres en les interprétant comme un « supplément de règles de la part de Dieu » plutôt que la description d'une vie « dominée par Dieu ».

Les termes « royaume des cieux » et « royaume de Dieu » n'apparaissent pas très souvent dans le reste du Nouveau Testament. Toutefois le concept de la domination personnelle

Le règne de Dieu

et du règne actif de Dieu par le Christ ainsi que la libération par rapport aux règles mosaïques de Dieu se retrouve dans tout le Nouveau Testament. Des expressions telles que « la seigneurie de Christ » sont utilisées en lieu et place du terme « royaume » mais expriment pratiquement la même vérité sous un vocable différent.

Cela dit, l'utilisation plus généralement faite par le Nouveau Testament du mot « royaume » doit être prise en compte si l'on veut bien comprendre la domination présente et future de Dieu.

L'Evangile de Jean

- ◆ Jésus, dans Jean 3, fait le lien entre d'une part le fait de voir le royaume et entrer dans le royaume et d'autre part la régénération. Le royaume est l'activité de Dieu et personne ne peut le voir ou y entrer sans être d'abord né ou avoir été régénéré par Dieu. Tout cela est l'oeuvre de Dieu et les êtres humains n'y sont pour rien.

- ◆ Jésus parle à Pilate de son royaume dans Jean 18:33-38. Il distingue dans la royauté l'aspect politique de l'aspect spirituel et montre que son règne n'envahit pas, mais plutôt rend témoignage.

Les Actes

- ◆ Dans Actes 19:8; 20:25 et 28:23, « le royaume » décrit le contenu de la prédication et du témoignage. Les Actes utilisent normalement l'expression « parole de Dieu » pour résumer la prédication, comme dans Actes 19:10, et ces deux définitions semblent désigner la même chose. Nous pouvons dire aussi bien que la parole de Dieu est sa domination, et qu'il domine ou règne par sa parole.

- ◆ De la même manière, Actes 20:24-25 met en parallèle le royaume avec « l'évangile de la grâce » et Actes 28:23

Le royaume

et 28:31 associent le fait de parler du royaume avec le fait d'enseigner sur le Seigneur Jésus-Christ.

Les lettres de Paul

- ◆ Romains 14:17 corrige ceux qui pensent que le royaume devrait se préoccuper de règles et de régulations.

- ◆ 1 Corinthiens 4:20 montre que le royaume ne consiste pas en paroles.

- ◆ 1 Corinthiens 6:9–10, Galates 5:21 et Ephésiens 5:5 font allusion à un héritage futur du royaume, et en font la base d'un appel sur la conduite morale. L'immoralité et l'impureté excluent les croyants de leur héritage et les empêchent de le recevoir.

- ◆ 1 Corinthiens 15:24–28 décrit le Christ remettant le royaume au Père mais le point principal de ce passage est que le Christ est déjà en train de régner. Ce texte souligne une activité présente tout en pointant sur une apogée finale.

- ◆ 1 Corinthiens 15:50 nous rappelle que nous n'entrons pas dans le royaume par nos efforts humains

- ◆ Colossiens 1:13–14 relie le royaume au salut et au pardon et suggère le même genre de renversement dynamique des puissances du diable que celui qui se trouve dans les Evangiles. Il s'exprime différemment mais le concept est le même.

- ◆ Colossiens 4:11 donne à penser que le royaume est le but de l'oeuvre missionnaire de Paul

- ◆ 1. Thessaloniciens 2:12 explique que les membres du royaume, c'est-à-dire ceux qui vivent sous le règne de Dieu, doivent vivre d'une manière digne de Dieu.

- ◆ 2 Thessaloniciens 1:5, 2 Timothée 4:1 et 4:18 parlent du royaume au futur.

Le règne de Dieu

Les autres lettres

- ◆ Hébreux 12:28 montre qu'il y a une expérience présente et une espérance future.
- ◆ Jacques 2:5 mentionne l'héritage du royaume.
- ◆ 2 Pierre 1:11 décrit l'entrée dans le royaume.

L'Apocalypse contient plusieurs références au royaume et presque toutes décrivent le royaume rencontrant de l'opposition et l'aube de la venue ultime du royaume comme par exemple dans Apocalypse 1:9; 11:15 et 12:10. La vision de la nouvelle Jérusalem dans l'Apocalypse est présentée comme l'accomplissement des promesses bibliques en ce qui concerne un royaume futur.

Nous pouvons voir que ce sont les mêmes thèmes qui se retrouvent dans les passages bibliques sur le royaume: le présent et le futur, l'opposition, le salut, l'héritage, la parole et la grâce de Dieu.

Actes 1:3 montre que Jésus a enseigné à ses disciples sur le royaume durant les quarante jours situés entre sa résurrection et son ascension. C'était une chose pour les disciples d'essayer de comprendre la domination personnelle de Dieu quand Jésus était présent en personne. Mais comment le royaume, la domination de Dieu, allaient opérer une fois que Jésus ne serait plus avec eux en personne?

Il semble que Jésus leur ait donné des instructions sur la manière dont ils devaient vivre et sur ce qu'ils devaient prêcher. En effet Actes 17:7 montre qu'ils continuaient à proclamer Jésus en tant que roi. La domination de Dieu avait saisi la vie des premiers chrétiens et caractérisé le message révolutionnaire qu'ils proclamaient. Jésus était leur dominateur, qu'ils l'expriment en termes de « roi », en parlant aux Juifs, ou en terme de « Seigneur », (César), en parlant aux païens.

Le royaume et l'église

Il y a un rapport évident entre le royaume et l'église mais il ne faut pas les confondre. Le royaume n'est pas une manière de

Le royaume

décrire l'église ou un éclairage particulier jeté sur elle. L'église est le « rassemblement » de tous ceux qui appartiennent au Christ, ceux qui sont vivants sur la terre et ceux qui sont déjà dans le ciel. Alors que le royaume, lui, est l'ensemble des activités de Dieu en Christ dans le monde.

Le Christ est au centre du royaume et de l'église. Toutefois « l'église » fixe notre attention sur les résultats de l'activité de Jésus, l'épouse, le corps, etc... alors que le « royaume » nous conduit à nous préoccuper de Jésus personnellement, de son activité. L'église est l'assemblée de ceux qui ont accepté l'évangile du royaume, qui participent au salut du royaume et s'attendent à hériter du royaume. Mais l'église n'est pas le royaume.

Toutefois c'est dans les chrétiens, ceux qui composent l'église, que le royaume prend une forme visible. Nous sommes la lumière du monde, le sel de la terre, ceux qui vivent selon les lois du roi et qui tirent leur enseignement de lui uniquement. En tant que telle, l'église est un instrument du royaume: nous accomplissons les activités du royaume en vivant sous la domination de Dieu.

L'église est appelée à prêcher le royaume au monde et à prier pour que le royaume vienne avec gloire. L'église devrait toujours être dirigée par le royaume, mais elle ne devient jamais le royaume. Autrement dit, Dieu est censé régner sur nous, mais nous ne sommes pas et ne pourrons jamais être la domination exercée par Dieu. Beaucoup d'erreurs sont apparues dans la pensée et la pratique ecclésiales à cause de cette confusion entre l'église et le royaume.

Le royaume est venu. Christ est roi. Et il est autant roi là où l'église est faible et médiocre que là où elle est forte et florissante. Sa royauté ne dépend pas de l'état de l'église, car elle lui appartient de droit. C'est plutôt l'église qui dépend du royaume.

Chaque membre de l'église, chacune de ses expressions ont besoin de vivre dans le royaume, d'être dominés par Dieu seul, en Christ.

Le règne de Dieu

Le royaume et l'Etat
En relation avec cette question du royaume et de l'église se pose la question du royaume et de l'Etat. Une fois de plus, une grande confusion s'est installée dans l'église à ce sujet. A diverses époques de l'histoire de l'église, certaines personnes ont essayé de faire correspondre l'enseignement biblique sur le royaume de Dieu à l'idée de l'Etat. Mais cette pensée a toujours conduit à des difficultés. Elle s'éloigne de l'enseignement très clair que Jésus a donné lorsqu'il dit dans Matthieu 22:21: « Rendez à César ce qui appartient à César et à Dieu ce qui est à Dieu. »

Cette séparation de base de l'Eglise et de l'Etat signifie que le royaume de Dieu ne vient pas par des moyens politiques, économiques, sociaux ou militaires. Dans le chapitre quatre de ce livre, nous verrons comment les chrétiens sont appelés à être « sel et lumière » dans la société. A aucun endroit dans le Nouveau Testament nous sommes appelés à transformer le royaume de Dieu en une entité politique sur la terre. Lorsque Jésus-Christ reviendra sur la terre en tant que roi, il établira le royaume de Dieu pleinement. C'est seulement alors que nous verrons la manifestation extérieure du royaume sur la terre.

Chaque fois que des chrétiens ont essayé d'amener le royaume de Dieu par la puissance des armes, des moyens politiques ou des structures sociales ou économiques, les résultats ont été tragiques. L'empereur Constantin au quatrième siècle, les Croisés chrétiens au Moyen Âge, certains réformateurs au 16ème siècle et certains chrétiens fondamentalistes au 20ème siècle, tous ont erré dans cette mauvaise direction. Alors que nous examinons attentivement dans ce livre la vraie nature du royaume de Dieu, nous voyons qu'il est essentiellement un royaume spirituel et qu'il ne peut venir par des moyens humains.

Il est vrai que dans l'Ancien Testament, le peuple de Dieu était appelé à vivre en théocratie, un état gouverné par Dieu par ses lois qui étaient en même temps les lois du pays. Mais Jésus a changé cela en accomplissant toutes les exigences

Le royaume

de la loi de Dieu et en établissant le royaume de Dieu dans nos coeurs par la foi. Toute religion aujourd'hui qui cherche à établir le royaume de Dieu politiquement ou par une forme quelconque de coercition s'éloigne radicalement des plans de Dieu.

Le reste de ce livre est consacré à l'examen et à l'application de ce que signifie vivre sous le règne de Dieu aujourd'hui et jouir de tout ce que Dieu a à nous offrir jusqu'à ce que Jésus amène la plénitude de son royaume à la fin des temps.

Chapitre Deux

L'appel du royaume

Après que Jean-Baptiste a été mis en prison, Jésus alla en Galilée et commença à proclamer la bonne nouvelle de Dieu. Selon Marc 1:14–15, le contenu de cette annonce était le suivant: « Le temps est accompli, et le royaume de Dieu est proche. Repentez-vous et croyez à la bonne nouvelle. » Dans Matthieu 3:1 et 4:17, c'est ce même message qui est rapporté au commencement du ministère de Jean-Baptiste et au commencement de celui de Jésus. Cela suggère que la venue du royaume n'était pas seulement un événement qui devait être annoncé, mais aussi un défi auquel les gens devaient répondre.

Pour Jean-Baptiste comme pour Jésus, la venue du royaume de Dieu était un événement tellement significatif que les gens devaient être appelés à changer leur manière de penser et finalement leur manière de se conduire. Jésus a annoncé l'arrivée du royaume dans un langage simple et clair.

1. Le temps était venu. L'âge de la domination personnelle de Dieu avait commencé.
2. Tu es appelé à répondre de manière radicale et personnelle à la présence de la domination personnelle de Dieu.
3. Dieu te demande de capituler entièrement devant la domination personnelle de Dieu. Cela signifie que tu dois te repentir et croire.

L'appel à la repentance
Comme Jean et Jésus montrent clairement que le principal

Le règne de Dieu

appel du royaume est de se « repentir », nous devons nous assurer de savoir exactement ce que ce mot signifie.

Beaucoup de croyants associent les notions de « se repentir » et de « repentance » uniquement à un changement de conduite. Ils pensent que cela revêt le sens de s'arrêter de faire de mauvaises oeuvres et de regretter de les avoir faites. Cette interprétation est irrecevable, sinon l'appel du royaume se résumerait à dire: « changez de conduite, croyez ensuite », ce qu'à l'évidence, cet appel n'est pas.

Avant de discuter ce point plus à fond, il sera utile de faire un survol des mots bibliques qui désignent la repentance.

La repentance de l'Ancien Testament
Nacham
Dans l'Ancien Testament, le mot hébreu *nacham* est habituellement traduit par « se repentir ». La racine du mot *nacham* exprime l'idée de respirer profondément, le mot signifiant littéralement « haleter », « soupirer » ou « gémir ». En hébreu *nacham* est apparu pour signifier « se lamenter » ou « avoir de la peine ». Lorsque l'émotion était produite par le désir du bien de l'autre, le sens rejoignait celui de compassion et sympathie, et lorsqu'elle était suscitée par un regard sur son propre caractère ou ses propres actes, il signifiait « regretter amèrement » ou « se repentir ».

Nacham est rarement utilisé pour décrire des hommes et des femmes qui se « repentent » mais décrit plutôt Dieu qui se repent. Nous pouvons le voir dans Genèse 6:6, Exode 32:14; Juges 2:18, 1 Samuel 15:35, Jérémie 26:19, Amos 7:3, 6.

Ces passages sont difficiles à comprendre si nous pensons que la repentance signifie « arrêter de faire des mauvaises oeuvres ». Mais ils sont plus faciles à saisir quand nous réalisons que la repentance est synonyme de « changer de manière de penser », et c'est ce que fit Dieu selon des passages tels que Genèse 18:16–33 et Jonas 3:10.

Toutefois, nous devons réaliser que chaque fois que Dieu change d'avis, c'est toujours en accord avec sa nature immuable et ses buts. Par exemple, sa « repentance » dans Jonas 3 reflète son désir éternel de bénir ceux qui se tournent vers lui.

Soûb
Le mot hébreu *soûb* a souvent été traduit par « revenir à » (repentance) lorsque des hommes et des femmes sont le sujet de l'action. *Soûb* signifie littéralement « se tourner » ou « changer de direction » plutôt que « changer de pensée ». Il est utilisé dans l'Ancien Testament pour décrire le fait de se tourner vers Dieu. Nous en avons l'exemple dans 2 Rois 17:13; 23:25, 2 Chroniques 6:26; 7:14;15:4; 30:6, Néhémie 1:9, Psaume 78:34, Esaïe 19:22; 55:7, Jérémie 3:12, 14, 22; 18:8, Ezéchiel 18:21; 33:11, 14, Daniel 9:13, Osée 14:1,2, Joël 2:13, Jonas 3:10, Zacharie 1:3–4 et Malachie 3:7.

Soûb décrit une action mentale positive. Il n'a pas le sens principal de s'arrêter de faire quelque chose, il signifie essentiellement un retour radical vers Dieu impliquant tout notre être. Nous savons que le fait de se tourner vers Dieu implique de se détourner de nos pensées, nos attitudes et actions de péchés. Toutefois cet éloignement est la conséquence de s'être tourné vers Dieu et non la cause.

La repentance dans le Nouveau Testament
Metanoia
Dans le Nouveau Testament, *metanoeo* est le verbe qui signifie « se repentir » et *metanoia* est le nom commun pour la « repentance ». Ces deux mots sont construits à partir de *meta*, qui signifie « après » ou « changement » et de *nous*, qui signifie « pensée », « intellect ». Cette construction suggère que la repentance signifie en fait une transformation radicale de pensée, d'attitude, d'apparence et de direction. En d'autres termes, la repentance est une révolution mentale – une manière radicale de « penser après coup » ou une façon drastique de « re-penser ». Elle est synonyme de changement dans notre manière de penser sur Dieu, un changement de nos idées sur sa nature et sa domination, un changement de

Le règne de Dieu

manière de réfléchir sur Jésus, le péché, la sainteté et nous-mêmes. La repentance signifie simplement s'arrêter de penser à notre manière et commencer à penser comme Dieu.

L'utilisation plus large que fait le Nouveau Testament du mot *metanoia* nous aide à comprendre la repentance plus profondément.

- ◆ Jésus a commencé son ministère par un appel à la repentance, Matthieu 4:17

- ◆ Jésus a fini son ministère en donnant l'ordre pressant de prêcher cet appel à la repentance à toutes les nations, Luc 24:47

- ◆ Jésus a enseigné que la repentance était nécessaire au salut, Luc 13:3–5

- ◆ Jésus a envoyé les douze lancer un appel à la repentance, Marc 6:12

- ◆ Jésus a appelé des pécheurs, et non des justes à la repentance, Luc 5:32

- ◆ Il y a de la joie dans le ciel quand les pécheurs se repentent, Luc 15:7, 70

- ◆ Pierre a corrigé ses auditeurs à la Pentecôte concernant leurs idées fausses sur Jésus et les a appelés à la repentance, Actes 2:38

- ◆ Paul a défié l'opinion que les Athéniens avaient de Dieu et leur a dit que le vrai Dieu exige de tout homme la repentance, Actes 17:30

- ◆ Dans son message d'adieux aux leaders d'Ephèse, Paul récapitule son message sous l'expression « la repentance envers Dieu », Actes 20:21

- ◆ La révolution de l'intelligence, la repentance, n'est pas un effort personnel, c'est un don de Dieu, Actes 5:31; 11:18.

L'appel du royaume

- ◆ La repentance est reliée aux deux dons de Dieu du pardon et de la vie éternelle, Luc 24:47, Actes 2:38; 3:19; 5:31 et 11:18.

D'après ces versets il ne fait aucun doute que ceux qui sont censés devenir disciples de Jésus n'ont pas d'autre choix que de satisfaire à l'exigence principale de la repentance. En effet, elle revêt un caractère obligatoire pour tout le monde. Tant que les gens ne se sont pas repentis, tant qu'ils n'ont pas changé de manière de penser sur eux-mêmes et sur Dieu (ou qu'ils n'ont pas laissé Dieu changer leur mentalité), ils ne sont pas conscients de leur besoin de salut.

Nous avons vu que les Juifs avaient beaucoup d'idées incorrectes sur le royaume. Nous savons qu'ils avaient beaucoup de fausses conceptions à propos du Messie. L'appel à la repentance dans le contexte de l'annonce de la venue du royaume était un appel à changer fondamentalement de manière de penser. Pour la plupart des gens, rien n'est plus difficile.

Ce que Jésus est venu faire par sa vie et sa mort ne peut s'appliquer qu'à ceux qui reconnaissent à la fois leur propre incapacité à se sauver eux-mêmes et leur besoin d'une nouvelle relation avec Dieu. Ce changement de pensées sur notre propre état et sur la nature de Dieu n'est pas suffisant en soi mais fait partie intégrale du processus de la conversion et en constitue la partie initiale.

Metamelomai

Il y a un autre verbe grec utilisé dans le contexte de la repentance: *metamelomai*. Comme le mot hébreu *nacham*, il exprime l'aspect émotionnel de la repentance et signifie: « regretter » ou « ressentir du remords ». *Metamelomai* est utilisé par Jésus dans Matthieu 21:29 et 32 dans la parabole des deux fils. Les deux fils avaient reçu l'ordre d'aller travailler dans la vigne. L'un dit qu'il ne voulait pas mais changea plus tard d'avis (il regrettait sa décision) et y alla. L'autre dit qu'il irait, mais n'y alla pas.

Le règne de Dieu

Toutefois le sentiment exprimé par *metamelomai* ne conduit pas toujours à une repentance sincère – il peut dégénérer en simple remords. Dans Matthieu 27:3, Judas ne s'est repenti qu'au sens du regret, non au sens d'abandonner son péché. La tristesse n'est pas le remords qui conduit à ne rien faire mais l'émotion pieuse de la tristesse d'avoir offensé Dieu ainsi que la peine ressentie pour cette même raison. La repentance suggérée ici implique un changement de coeur, la tristesse ou le regret selon Dieu, le sentiment du remords pour avoir mal fait. Ce sentiment conduira finalement à un changement dans la vie de la personne, à une modification de son comportement, comme dans le cas du premier fils dans la parabole de Jésus.

Epistrepho
Le mot grec *epistrepho* est l'équivalent de *soûb* dans le Nouveau Testament. Ce mot signifie aussi « se tourner vers » et est souvent traduit par « se convertir » ou « revenir ». Actes 3:19 et 26:20 sont des passages qui montrent que la repentance et la conversion, le fait de se tourner vers Dieu, sont associées mais différentes. La conversion désigne tout le processus consistant à se tourner vers Dieu, la repentance n'est qu'une partie de ce processus. La conversion décrit l'acte de se tourner vers Dieu pour l'embrasser. Cet acte inclut toutes les parties de notre être. La repentance décrit quant à elle une révolution mentale, un changement fondamental dans notre manière de penser, nos valeurs et nos opinions.

Epistrepho est utilisé pour faire ressortir le changement spécifique apporté par la repentance et il est souvent choisi pour exprimer le côté positif du changement impliqué par la repentance.

Nous avons considéré trois mots du Nouveau Testament qui peuvent s'appliquer dans le contexte de la repentance. *Metanoeo* décrit l'aspect mental, *metamelomai* décrit le côté émotionnel et *epistrepho* décrit l'aspect directionnel de la

L'appel du royaume

repentance: se détourner du péché et développer un nouveau style de vie fondé sur l'obéissance au Seigneur.

La vraie repentance inclut l'ensemble de ces trois aspects. Toutefois c'est le premier, le changement au niveau des pensées, qui est absolument nécessaire au salut. C'est ce que Jean et Jésus ont à l'esprit lorsqu'ils lancent l'appel à « se repentir et croire ». Ce n'est que lorsque nos pensées sur Jésus sont différentes que nous pouvons vraiment l'accepter. Cela signifie que la repentance en tant que révolution mentale est une condition préalable au salut.

La vraie repentance biblique n'est pas un changement au niveau du comportement. Ce changement de comportement n'en est que le résultat. La repentance en tant que changement de comportement – s'il était exact de l'appeler ainsi – est le fruit d'une véritable expérience du salut, de s'être tourné vers Dieu de tout notre être. Mais une fois que nous changeons vraiment de manière de penser, que nous pensons différemment, nous ressentons inévitablement du remords pour les mauvaises actions que nous avons commises et nous cherchons à nous arrêter de les faire. En d'autres termes, les aspects de la repentance, l'aspect mental, émotionnel et directionnel sont tous liés.

Ceux qui suggèrent que la repentance signifie principalement « cesser de pécher » ne se trompent pas seulement sur le sens d'un mot grec, mais ils suggèrent aussi que le salut est atteint par un effort humain plutôt que par le fait de recevoir la grâce de Dieu par la foi. Mais le Nouveau Testament révèle que l'effort ou les oeuvres de l'homme n'ont rien de commun avec le fait d'être sauvé, d'être sûr d'être sauvé ou de rester sauvé. Elles sont plutôt une démonstration pour ceux qui nous entourent que nous sommes sauvés, comme nous le voyons par exemple dans Matthieu 5:16.

L'enseignement selon lequel la repentance signifie arrêter de pécher et commencer à se conduire différemment conduit au légalisme et provoque la déception. Nous avons vu que la venue du royaume de Dieu, son règne personnel, est censée

Le règne de Dieu

nous libérer de toutes les lois. Ainsi l'appel du royaume à la repentance ne peut pas être synonyme de quelque chose qui contredit l'essence même du royaume.

Toutefois une chose est sûre: la repentance chrétienne devrait toujours porter des fruits. Luc 3:8-14 le montre clairement, et défie nos conceptions sur les fruits qui sont attendus. Mais les trois exemples donnés par Jean Baptiste ici sont des fruits qui suivent la repentance, ils ne sont pas des exemples de repentance.

Nous pouvons voir que cette distinction est faite dans Romains 12:2. Au lieu de nous conformer à ce monde, nous devrions être transformés par le renouvellement de notre intelligence. Bien que Paul n'utilise pas le mot «repentance» ici, il décrit une révolution mentale qui est la clef nous permettant de connaître la volonté de Dieu, d'être libérés de la manière de penser du monde et de porter des fruits dans une vie transformée. Et c'est cette révolution intérieure dans l'intelligence des disciples, leurs attitudes, et leur manière de se diriger qui conduit à des vies changées. Ces vies portent des fruits au moment où elles se soumettent au règne personnel de Dieu et sa domination.

Sans aucun doute, si quelqu'un a changé sa manière de penser sur Dieu, Christ, le péché et tout ce qui existe, alors la seule voie conséquente et logique à suivre, c'est de se détourner de tout péché et de reconnaître que ces choses n'ont plus leur place dans la vie du croyant. Mais il s'agit là d'un processus qui prend du temps. En fait, changer de conduite ou se détourner du péché est un processus qui se met en place et continuera dans et durant toute la vie de la personne concernée. Ce changement ne sera jamais totalement réalisé au sens d'impeccabilité et perfection absolues dans cette vie. Tous les croyants ne vivront pas de manière conséquente, mais ceux qui adoptent un style de vie de repentance atteindront une maturité ou une perfection d'amour dans lesquelles ils pourront se détourner de tout péché connu et développer un caractère chrétien pleinement développé. Ces différents niveaux de vie chrétienne sont reconnus par Jésus et ceux qui vivent de manière conséquente pour lui sont récompensés.

L'appel à croire

Lorsque nous réalisons que le premier appel du royaume « repentez-vous » signifie « changez de manière de penser », on comprend d'autant mieux pourquoi « croyez » est le second appel du royaume. Car tout changement de pensée implique nécessairement de commencer à croire des choses nouvelles. S'il n'y a pas une foi nouvelle, c'est qu'il n'y a pas eu de changement de manière de penser, ni aucune repentance.

Pour beaucoup de gens, « croire » est un acte intellectuel. Mais la « croyance » dans le Nouveau Testament implique une action. C'est l'application de la repentance.

La foi et le fait de croire

Le mot grec dans le Nouveau Testament pour « croire » est *pisteuo* qui signifie « être persuadé de », « placer sa confiance en », « faire confiance ». *Pisteuo* a le sens de « s'appuyer sur » et « dépendre de » autant que le sens de « penser ». Le mot grec *pistis* est normalement traduit par « foi ». Ainsi, nous remarquons immédiatement que les expressions « croire » et « avoir la foi » sont simplement deux manières d'exprimer la même notion en grec. « Croire » est simplement la forme verbale du mot « foi ».

Selon Marc 1:15, les premières paroles dites par Jésus dans son ministère relient la « foi confiante » à la repentance. Au vu de la venue du royaume, il dit que le fait de croire en l'évangile doit être ajouté à la repentance.

Croire en l'évangile signifie croire en Jésus lui-même. Les gens qui écoutaient Jésus devaient s'engager dans tout ce dont Jésus était convaincu, dans toute sa mission. Ils devaient croire en, s'appuyer sur, dépendre de, se confier en, avoir foi en… Jésus.

Les évangiles rapportent toute une série de défis de ce genre:

Le règne de Dieu

- ◆ Immédiatement après Marc 1:15, les premiers disciples sont appelés à quitter leur activité de pêche et à suivre Jésus.
- ◆ Beaucoup de guérisons miraculeuses sont le résultat direct de la foi, Matthieu 8:10, 13; 9:22, 29; 15:28, Marc 9:24; 10:52, Luc 7:50 et 17:19.
- ◆ Les disciples sont réprimandés pour leur manque de foi, Matthieu 8:26, Marc 4:40, Luc 8:25.
- ◆ Jésus promet à ceux qui ont la foi qu'ils accompliront des oeuvres remarquables, Matthieu 17:20, 21:21-22, Luc 17:5.

La foi affirme des possibilités face aux impossibilités, Marc 9:23.

Tous ces exemples de foi montrent la nécessité propre au royaume de croire en et dépendre de la puissance de Jésus. Toute sa mission est basée sur la conviction que ce que Dieu attend des gens est impossible aux hommes par leurs efforts mais possible quand la foi nous relie à la manière spéciale de Dieu de faire les choses. Cette « possibilité » n'est compréhensible que si elle est centrée sur Jésus. C'est en Christ que Dieu fait l'impossible. C'est par le Christ que Dieu règne en personne.

Croire dans l'Evangile de Jean

Jean 20:30-31 montre que le l'Evangile de Jean a été écrit principalement afin que nous « croyions ». Cet Evangile est rempli de plus d'une centaine de déclarations sur le fait de croire.

Il est intéressant de noter que Jean utilise toujours le verbe *pisteuo* mais jamais le mot *pistis*. Personne ne sait vraiment pourquoi Jean a choisi ce style d'écriture, mais il est probable que c'était sa manière de mettre l'accent sur l'action de croire plutôt que sur le contenu de ce qui est cru. Dans l'ensemble de l'Evangile de Jean, la foi implique toujours une relation, elle ne représente jamais un simple assentiment intellectuel à un credo.

L'appel du royaume

Dans l'Evangile de Jean, croire signifie occasionnellement accepter le message, croire que ce que Jésus a dit est vrai.

Mais cette foi est toujours dirigée vers Jésus et implique habituellement le fait de lui faire confiance personnellement, comme dans Jean 4:50; 8:30; 12:11 et 14:1. Croire est quelque chose qui est suscité par les oeuvres que Jésus a faites, par exemple dans Jean 2:11 et 10:38. Mais en général Jésus demandait à ses disciples de croire en lui, comme dans Jean 14:1, 10.

Jean 1:12 montre clairement que le salut vient par le fait de croire. Les gens sont amenés dans le royaume par le moyen de la foi (le fait de croire). Cela signifie qu'il y a une distinction nette entre les croyants et le monde. Dans Jean 3:16–17, la foi assure la vie éternelle et le manque de foi conduit à la condamnation.

Nous savons que le fait de croire en Jésus commence par une transformation radicale de notre mentalité que l'on appelle repentance. Jean ne mentionne pas la « repentance » mais il décrit de manière saisissante le changement de mentalité nécessaire à la foi, même s'il ne conduit pas inévitablement à la foi. Lors de la multiplication pour les cinq mille personnes dans Jean 6:22–59, les foules ne virent rien de plus que du pain dans sa réalité physique. Mais, dans Jean 6:60–66, quand ils reconnurent finalement que la manière de voir la vie de Jésus était différente de la leur, beaucoup le rejetèrent.

Le fait de croire, la foi au sens propre du terme est une réponse humaine à l'invitation de Dieu. Il nous présente son Fils et quelque part nous sommes obligés de prendre une décision à son sujet. L'Evangile de Jean utilise différentes expressions pour décrire cette réponse dans Jean 5:24; 6:45; 8:43, 47; 12:45, 47; 14:7, 9; 17:23 et 18:37. Si nous recevons Jésus, si nous lui obéissons, si nous le voyons, nous le connaissons, etc… notre réponse est positive. Mais si nous ne répondons pas de l'une de ces manières, nous ne croyons pas, nous n'avons pas la foi. Nous avons rejeté la domination personnelle de Dieu.

Le règne de Dieu

Croire dans la première église
Dans les Actes, le fait de croire apparaît de nouveau comme la conséquence naturelle de la repentance. En fait dans Actes 2:44; 4:4; 4:32; 9:42; 11:21 et 14:23, la première communauté chrétienne était désignée par l'expression « ceux qui croyaient ». Comme nous pouvons nous y attendre, l'objet de leur foi est habituellement Jésus lui-même, comme dans Actes 11:17; 14:23; 16:31; 19:4; 20:21 et 24:24. Bien que parfois il est dit qu'ils ont cru dans la parole prêchée comme dans Actes 4:4 et 17:1–12.

Le fait de croire personnellement en Jésus était la marque distinctive des premiers chrétiens. Ils n'avaient pas seulement dû changer leur manière de penser à son sujet, mais ils avaient aussi dû avoir confiance en et dépendre de Jésus lui-même avant qu'ils puissent s'approprier ce qu'il avait fait pour eux par sa mort et sa résurrection. Tout ce processus de conversion est analysé plus en détails dans le livre de *l'Epée de l'Esprit* intitulé *Le Salut par la Grâce*.

Dans Romains 10:17; 1 Corinthiens 1:21 et Ephésiens 1:13, la foi est la réponse humaine à la prédication de l'évangile, mais il s'agit toujours de la foi en Christ, qui n'a de sens qu'en lui. La foi ou le fait de croire ne correspond pas seulement à l'acte initial consistant à accepter le don gratuit du salut de la part de Dieu, comme dans Romains 3:22–25, mais aussi un processus continu. De même que nous sommes appelés à continuer de nous repentir, à être caractérisés par un renouvellement constant de notre intelligence, de même nous sommes appelés à vivre par la foi. Romains 1:17 et Galates 2:20 expriment cette nature progressive de la foi.

Naître de nouveau
Tout ce que nous apprenons sur l'appel du royaume nous montre à quel point il est important de répondre à Jésus avec notre coeur . Mais nous ne pouvons pas prétendre que cette réponse est une activité purement humaine. Jésus enseigne dans Jean 3 la nécessité absolue de la nouvelle naissance. En

puisant dans l'enseignement d'Ezéchiel 36:22-27 et Jérémie 31:31-34, Jésus explique à Nicodème que naître de nouveau ou naître « d'en haut » est la seule manière de voir et d'entrer dans le royaume. La repentance et la foi nous amènent dans le royaume mais ces choses se réalisent par la nouvelle naissance.

Cet accent mis sur la re-naissance se retrouve dans tout le Nouveau Testament (2 Corinthiens 5:17, 1 Pierre 1:3, 1:23, Jacques 1:21 et 1 Jean 3:9). Cela montre que si nous ne recevons pas la vie de Dieu, la vie du royaume, nous ne pouvons simplement pas suffire aux défis du royaume. Tout ce que nous découvrons à propos du style de vie du royaume dans ce livre dépend du fait que nous soyons premièrement nés de nouveau. Dans le Sermon sur la Montagne, Jésus décrit le style de vie de ceux qui sont nés de nouveau et la manière dont ils peuvent grandir dans le royaume. Nous ne pouvons vivre ainsi que si nous sommes nés de nouveau.

Lorsque les gens sont appelés à croire, ils ne sont pas seulement appelés à accepter un acte du Christ. Ils sont aussi appelés à établir une nouvelle relation avec le Christ, caractérisée par le fait de croire, de s'appuyer sur lui, dépendre de lui et lui faire confiance. Cela nous conduit naturellement au troisième appel du royaume.

L'appel à être disciple
Marc 1:15-20 montre comment Jésus est passé de l'annonce de la venue du royaume, à l'appel à se repentir, à croire dans l'évangile, et troisièmement à le suivre personnellement. Nous retrouvons exactement la même séquence d'appels dans Matthieu 4:17-22. Lorsque nous commençons à croire en Jésus, nous découvrons qu'il nous appelle à démontrer notre foi en nous mettant à le suivre, en devenant des disciples.

Un appel personnel
Le mot grec pour disciple est *mathètès*, qui signifie littéralement un « apprenant ». *Mathètès* vient de *manthano*, « apprendre » et parle d'une réflexion qui doit être suivie concrètement

par la tentative de faire quelque chose. *Mathetes* implique que les vrais disciples ne sont pas des gens qui obéissent sans réfléchir ou de manière légaliste. Ils écoutent plutôt un enseignant, pensent à ce que l'enseignant a dit et essayent de mettre en pratique ce qu'ils ont entendu.

Il est évident que la notion de devenir disciple est la conséquence naturelle de la repentance et la foi, comprises au sens biblique de ces termes. Dans Matthieu 11:28-30, Jésus nous appelle à apprendre de lui personnellement. C'est la définition du vrai disciple. De même qu'il ne nous appelle pas à suivre une série de règles ou un ensemble d'idées mais à le suivre lui, de même il ne nous appelle pas à apprendre à partir d'un code écrit ou d'un livre, mais plutôt à apprendre de lui directement. (Version Darby de Matthieu 11:29 « apprenez de moi », version Français fondamental: « devenez mes disciples »).

Un appel collectif

Chacun de nous doit répondre personnellement, de manière individuelle à l'appel de Jésus à devenir disciple. Pour autant, nous ne devons pas oublier que nous sommes aussi appelés à suivre le Christ ensemble en tant que son peuple. Nous sommes sa communauté de disciples et cette dimension collective est absolument essentielle à une vraie compréhension du royaume de Dieu. Jésus a établi son église comme une communauté comprenant ceux qui sont formés en tant que disciples et ont eux-mêmes la responsabilité d'en former d'autres. Le grand ordre missionnaire de Matthieu 28 le montre clairement.

Chacun de nous doit être fait disciple dans l'église et obéir au mandat de faire nous-mêmes des disciples. Nous ne pouvons pas faire «cavalier seul» comme si notre appel personnel était indépendant de tous ceux qui suivent le Christ. Jésus en particulier a donné un modèle à ce processus consistant à faire des disciples. Il a en effet passé la plus grande partie et le meilleur de son temps avec ses douze. Il les a enseignés, formés et finalement libérés pour aller et «faire de toutes les nations

L'appel du royaume

des disciples». Les disciples de Jésus des temps modernes redécouvrent cette dimension de formation de disciple par le ministère des petits groupes, appelés aussi cellules.

Un appel urgent
Les Evangiles rapportent l'histoire de beaucoup de gens qui ont été appelés à suivre Jésus, à devenir disciples. Dans chacun de ces récits, l'appel est des plus urgents. Ils devaient répondre lorsque Jésus le leur demandait, même si cela impliquait une perturbation considérable pour eux et leur entourage. Nous en avons des exemples avec:

- Simon, André, Jacques et Jean, Matthieu 4:18–22
- Matthieu, Matthieu 9:9
- Le jeune homme riche, Matthieu 19:21
- Une personne qui n'est pas nommée, Luc 9:59
- Philippe, Jean 1:43.

Nous pouvons voir dans ces histoires que certaines personnes commencèrent immédiatement à suivre Jésus, mais que d'autres trouvèrent des excuses et ne le suivirent pas. Les appels du royaume peuvent être impérieux mais ils ne sont pas obligatoires. Dieu veut toujours que nous répondions par amour. Il ne nous force pas à le suivre si nous ne voulons pas le suivre en acceptant le temps qu'il a fixé et ses conditions.

Un appel définitif
L'appel était non seulement urgent mais encore définitif. Ils étaient appelés de manière permanente et définitive à tout quitter et à le suivre.

- Luc 9:62 montre qu'il n'y avait pas de retour possible.
- Matthieu 10:33 déclare que Jésus ne doit pas être renié devant les hommes
- Jean 8:31 montre clairement que les disciples doivent s'attacher à l'enseignement de Jésus.

Le règne de Dieu

Devenir un disciple de Jésus ou le suivre n'est pas juste un assentiment mental ou une réponse émotionnelle à son enseignement, c'est une décision permanente de suivre Jésus, d'apprendre de lui, de lui obéir et de rester près de lui.

Un appel coûteux

Marc 1:16-20 et Luc 5:1-11 racontent l'histoire de l'appel à être disciple des quatre pêcheurs Simon, André, Jacques et Jean. En suivant les instructions de Jésus, ils prirent une telle quantité de poissons que leurs filets étaient en danger de se rompre et leurs barques de s'enfoncer.

Luc 5:11 rapporte qu'ils « laissèrent tout et le suivirent ». Le «tout» devait inclure la pêche miraculeuse qu'ils venaient d'amener à terre avec bien des efforts. Cette sortie de pêche devait compter parmi leurs plus grands succès et pourtant, également en réponse à l'appel de Jésus, ils laissèrent le produit de leur pêche sur le rivage pour leurs amis et leur famille.

Luc 14:25-33 décrit comment de grandes multitudes vinrent vers Jésus. Ils étaient curieux, intéressés, fascinés même, mais ils n'étaient pas profondément engagés et ils n'avaient pas calculé le prix. Dans ce passage, nous pouvons voir que la caractéristique essentielle du disciple était absente, ils n'avaient pas réfléchi attentivement aux implications de la décision de suivre Jésus. A moins de tout laisser derrière eux ils ne pouvaient être disciples de Jésus.

Matthieu 6:33 montre que nous devons mettre le royaume de Dieu en premier dans notre vie. Avant toutes choses, nous devons rechercher le règne de Dieu et sa manière juste de vivre. Le passage parallèle dans Luc 12:31-34 montre que cette manière juste de vivre est caractérisée par une générosité désintéressée.

Lorsque dans Matthieu 16:13-33, les disciples ont réalisé qui était vraiment Jésus, il leur a expliqué que cela signifiait de la souffrance et la mort. Cette pensée était en abomination aux disciples si bien que Pierre prit Jésus à part et lui fit des remontrances. Mais Jésus le reprit disant que leurs

L'appel du royaume

protestations pleines de bonnes intentions étaient d'origine mauvaise, et leur disant que l'exigence divine du sacrifice de soi s'appliquait aussi bien à eux qu'à lui-même.

Jésus dit dans Matthieu 16:24 et Marc 8:34: « Si quelqu'un veut venir après moi, qu'il renonce à lui-même, qu'il se charge de sa croix et qu'il me suive. » Luc 9:23 ajoute que cet engagement doit être pris « chaque jour ».

Ces paroles étaient données à ceux qui avaient déjà commencé à suivre Jésus, qui avaient vu Dieu agir puissamment par eux, et qui comprenaient maintenant que Jésus allait au devant du rejet et du sacrifice. Maintenant qu'ils savaient la vérité, Jésus les libérait en leur donnant le choix entre eux-mêmes et le sacrifice d'eux-mêmes.

Être disciples consiste à dire chaque jour « mort au moi ». Il ne s'agit pas d'une série d'exercices d'ascèse. Il s'agit au contraire de ne pas avoir conscience de nous-mêmes mais seulement de Jésus. Il s'agit de mettre la volonté du Christ à la place du « moi ». Il s'agit d'avoir nos yeux fixés sur celui que nous suivons à tel point que cela nous rende aveugle au chemin trop raide pour nous, et sourd à la douleur qui nous supplie de nous arrêter en cours de route. Il s'agit enfin de savoir que rien dans cette vie ne peut se comparer avec la gloire qui nous attend, si nous nous tenons juste derrière le dos courbé et lacéré de Jésus.

Lorsque nous suivons le Christ, nous devons montrer que nous avons compris la mort à nous-mêmes en prenant cette croix que Dieu nous offre. Il n'est pas question ici d'un mal ou d'une difficulté commune à ce que tout le monde peut endurer. Mais cette croix désigne une certaine forme de sacrifice, d'épreuve ou de rejet « pour la cause du Christ », qui est donné à tous ceux qui le suivent.

Tout disciple qui veut marcher sur les traces de Jésus a sa croix personnelle à relever. Les croyants portant leur croix sont censés se considérer eux-mêmes comme ayant la même espérance de vie, très courte, que celle des gens qui vivent dans les divers « couloirs de la mort » qui se trouvent autour du monde.

Cette mort à soi-même n'est pas une calamité, mais le fruit d'un engagement. Ce n'est pas la fin de tout, mais plutôt le commencement d'une vie abondante en Jésus, alors que nous commençons à permettre à sa volonté de nous contrôler et de nous dominer. Les douze ont donc entendu ces nouvelles exigences attachées au fait d'être disciples, et aucun d'entre eux n'est parti.

L'appel à être comme le Christ

Il y a une progression évidente dans l'appel du royaume. Nous sommes appelés à changer notre manière de penser à Dieu, à Jésus et à nous-mêmes, et à commencer à penser à la manière de Dieu, à avoir son attitude et à recevoir sa direction. Ensuite nous sommes appelés à croire en Jésus, à nous appuyer sur lui et à lui faire totalement confiance.

Nous avons montré que nous lui faisons confiance en le suivant et en devenant ses disciples. Nous pensons à ses paroles, nous apprenons personnellement de lui et nous agissons sur la base de ce qu'il a dit. Mais ce n'est pas tout. Nous ne sommes pas seulement appelés à le suivre, nous sommes aussi appelés, en le suivant, à devenir comme lui.

Les Evangiles énumèrent cinq manières dont les disciples sont appelés à ressembler au Christ.

1. En aimant

Dans Jean 13:34, Jésus a dit à ses disciples qu'il avait pour eux un nouveau commandement. Ce commandement était le suivant: « que vous vous aimiez les uns les autres comme je vous ai aimés ». Le verset suivant montre que cet amour sera la preuve pour « tout » le monde qu'ils sont les disciples de Jésus. Ce commandement a été donné par Jésus quelques instants après qu'il a lavé les pieds de ses disciples, ainsi le commandement de s'aimer les uns les autres à la manière de Jésus doit être compris en termes pratiques, de service très concret.

Peu après, dans Jean 15:12, Jésus revient sur le même

L'appel du royaume

thème. Une fois de plus il leur commande de s'aimer les uns les autres comme il les a aimés. Il y a beaucoup de croyants qui pensent qu'ils sont appelés à aimer Jésus, et ils l'aiment en effet. Mais aimer comme Jésus implique le fait de s'aimer les uns les autres d'une manière tout à fait pratique. Le verset 11 montre que c'est ainsi que notre joie sera parfaite.

2. En donnant

Dans Jean 15:13-14, Jésus explique vraiment ce qu'il entend par aimer. Il s'agit de donner en sacrifice. Il s'agit de donner notre vie pour nos amis. Si nous nous aimons les uns les autres de manière sacrificielle comme Jésus nous a aimés, nous ne sommes pas juste appelés ses disciples, nous sommes aussi désignés comme ses « amis ». Le verset 14 est très important. Nous sommes les amis de Jésus si nous faisons tout ce qu'il nous commande. Il s'agit là de la domination personnelle de Dieu mise en pratique. Il s'agit de la manière de vivre du royaume.

Nous ne savons pas ce que Jésus nous commandera de faire, et nous savons encore moins ce qu'il commandera aux autres de faire. Son commandement sera personnel et spécifique pour chacun. Toutefois, nous pouvons nous attendre à ce que son commandement implique d'aimer, de donner en sacrifice, puisque c'est le contexte dans lequel il nous parle ici.

Le verset 16 contient une promesse merveilleuse. Mais nous ne devrions pas la séparer des versets qui l'entourent. Cette promesse s'adresse aux amis de Jésus qui l'aiment et donnent comme Jésus donne, pour ceux qui le suivent et sont devenus vraiment comme le Christ.

3. En servant

Marc 10:54 nous donne une révélation clef sur Jésus. Jésus avait déjà proclamé qu'il était le « Fils de l'homme », un nom qui évoquait puissamment le royaume pour les Juifs.

Ce titre vient en effet de Daniel 7:13-14 qui décrit le moment où le Fils de l'homme reçoit « la domination, la

Le règne de Dieu

gloire et le règne », et où « tous les peuples, les nations, et les hommes de toutes langues le servirent. Sa domination est domination éternelle qui ne passera point, et son règne ne sera jamais détruit. »

Ainsi en proclamant qu'il est le Fils de l'homme, Jésus affirmait implicitement être le personnage dont Daniel parle ici. Toutefois dans Marc 10:45, Jésus bouleverse la notion que les gens avaient du Fils de l'homme en la retournant complètement. Jésus dit qu'au lieu d'être servi par tous les peuples, « le Fils de l'homme n'est pas venu pour être servi mais pour servir et donner sa vie en rançon pour beaucoup. » Jésus a dit ces paroles à ses disciples en guise de conclusion et d'explication au commandement qu'il leur avait donné dans Marc 10:42–44 de servir d'une manière différente de celle du monde: « il n'en est pas de même au milieu de vous, mais quiconque veut être grand parmi vous, qu'il soit votre serviteur, et quiconque veut être le premier parmi vous, qu'il soit l'esclave de tous. »

Nous devons servir exactement de la même manière que le Fils de l'homme. En tant que sujets du roi, nous sommes appelés à servir Jésus, mais cela signifie servir les autres comme Jésus et les servir avec Jésus. Paul reprend ce thème dans Philippiens 2:5–11. Nous devons toutefois nous assurer d'avoir bien noté que Paul présente cette image de Jésus serviteur en nous pressant « d'avoir en nous les sentiments (la mentalité) qui étaient en Jésus-Christ ». Une fois de plus, nous sommes censés avoir les attitudes de Dieu, penser comme lui, avant que nous puissions nous conduire comme lui.

4. En travaillant

Les paroles de Jésus dans Jean 14:12 parlent de ce travail: « Celui qui croit en moi fera aussi les oeuvres que je fais et il en fera de plus grandes, parce que je m'en vais au Père. » Ce sont les conséquences de la foi. Si nous pensons comme Jésus, si nous lui faisons confiance et nous confions à lui, si nous le suivons, on ne peut sûrement s'attendre qu'à une seule chose: que nous nous retrouvions en train de faire les oeuvres qu'il a faites.

Beaucoup de gens concluent hâtivement à partir de ce verset que les oeuvres dont il s'agit sont les miracles. Mais ce verset se trouve toujours dans le contexte du lavement des pieds, et du don de notre vie, comme les commandements de donner, aimer et servir. Si nous croyons en Jésus, nous pouvons nous attendre à nous comporter comme lui et faire ce qu'il a fait. Ces oeuvres comprendront de puissants miracles, mais elles seront dominées par un service humble.

5. En allant

Les premières paroles de Jésus à ses disciples après sa résurrection sont rapportées dans Jean 20:19–22. Le verset 21 contient son appel final à être comme lui: « Comme le Père m'a envoyé, moi aussi, je vous envoie. »

Dans l'Evangile de Jean, le Christ se révèle constamment comme celui qui a été envoyé, comme quelqu'un qui dépend tellement du règne et de la domination personnelle de Dieu qu'il ne dit rien de lui-même, ne fait rien de lui-même et ne va nulle part de sa propre initiative. Nous pouvons retrouver ces affirmations dans Jean 5:19, 30; 6:38; 7:28–29; 8:26, 28–29; 10:18 et 12:49–50. Le Fils déclare ce que dit le Père. Il fait ce que le Père fait. Et il va là où l'envoie le Père.

C'est exactement dans la même perspective que Jésus envoie ses disciples. Ils doivent aller comme lui-même est allé. Cela implique deux choses. Premièrement, les disciples ne peuvent pas rester là où ils se trouvent, il faut du mouvement et de l'action, il faut de « l'allant » d'une manière ou d'une autre. Et deuxièmement, les disciples vont aller en dépendant du règne et de la domination personnelle de Dieu. Nous ne devrions aller que là où il nous envoie et quand il nous envoie, pour ne dire que ce qu'il dit et ne faire que ce qu'il fait.

L'appel à hériter du royaume

En aimant, en donnant, en servant, en travaillant et en allant comme le Christ l'a fait, nous serons récompensés. Jésus montre clairement qu'il y a un grand héritage et beaucoup de récompenses qui nous attendent.

Nous avons vu qu'il y a une tension dans le royaume entre le maintenant et le pas encore. Tous les appels du royaume que nous avons examinés faisaient partie de la dimension du maintenant du royaume. L'appel à se repentir, à croire, à suivre et à devenir comme Christ est toujours pour maintenant, aujourd'hui et chaque jour. C'est toujours un message qui concerne notre présent.

Toutefois, le dernier appel du royaume attend le jour où le royaume sera finalement pleinement révélé et éternellement établi. Le Nouveau Testament est rempli de versets qui parlent des promesses du royaume. Certaines de ces promesses sont conditionnelles, récompensant une conduite particulièrement agréable à Dieu. D'autres sont inconditionnelles, et s'adressent à tous ceux qui croient. Quelques unes concernent le présent, mais pour la plupart, elles concernent la dimension «pas encore» du royaume.

- ◆ Matthieu 5:5, la terre
- ◆ Matthieu 5:10, le royaume des cieux
- ◆ Matthieu 6:19–21, un trésor dans le ciel
- ◆ Matthieu 10:40–42, une récompense de juste
- ◆ Matthieu 19:27–30, le centuple
- ◆ Matthieu 25:31–40, le royaume préparé pour nous
- ◆ Luc 6:30–38, une grande récompense
- ◆ Luc 12:32, le royaume, un trésor céleste
- ◆ Luc 14:12–14, ce que nous avons donné nous est rendu sous forme de bénédictions

L'appel du royaume

- Luc 16:9, des demeures éternelles
- Actes 20:32; 26:18, un héritage
- Romains 2:6–10, gloire honneur et paix
- Romains 8:10, le fait de participer à la gloire de Christ
- 2. Corinthiens 9: 6–14, une moisson abondante
- Ephésiens 1:17–19, les richesses de la gloire de son héritage
- Ephésiens 2:4–8, la richesse de sa miséricorde
- Colossiens 3:23, la récompense de l'héritage
- 2 Timothée 2:12, régner avec Christ
- Hébreux 6:12, les promesses
- Apocalypse 3:21, être assis avec Christ sur son trône
- Apocalypse 21:7, toutes choses.

Certains pensent à tort que tout ce que l'enseignement biblique présente sur l'héritage du royaume est une conséquence automatique de notre salut. Mais une lecture attentive de ces références montre que l'héritage n'est pas reçu seulement en croyant, mais correspond à la récompense réservée à ceux qui vivent sous la domination de Dieu.

Un passage tel que celui de Matthieu 19:23 à 20:16 prouve que cet héritage est une récompense. En réponse à la question de Pierre « pour nous, qu'est-ce qu'il va se passer? » (Version Français Fondamental) au verset 27 du chapitre 19, Jésus parle d'héritage. Le verset 30 montre qu'il y aura beaucoup de surprises dans le ciel et la parabole qui suit enseigne également sur des récompenses surprenantes et controversées.

Si l'un des appels du royaume nous dit « laisse tout et suis Jésus », son écho nous revient rapidement avec la promesse de récompenses célestes merveilleuses, pour les disciples qui effectivement laisseront tout pour suivre Jésus. Nous n'expérimenterons pas nécessairement beaucoup de ces

Le règne de Dieu

récompenses sur la terre. Toutefois Dieu lui-même nous donne en son nom personnel la garantie que ces récompenses nous seront réservées au dernier jour.

Chapitre Trois

Les attitudes du royaume

Le Sermon sur la Montagne dans Matthieu 5-7 est probablement l'une des parties les plus connues de l'enseignement de Jésus, mais peut être aussi la moins bien comprise.

Ce discours est le premier d'une série de cinq tranches de l'enseignement de Jésus, tel qu'il est rapporté par l'Evangile de Matthieu. Les quatre discours qui suivent le Sermon sur la Montagne se trouvent aux chapitres 10, 13, 18 et 24 à 25. Or nous avons vu que Matthieu s'adresse plus particulièrement aux Juifs. Ce découpage en cinq sections trouve son parallèle dans les cinq livres du Pentateuque (Genèse à Deutéronome) et suggère que Jésus est le second Moïse.

Moïse a donné à Israël les règles de Dieu, mais Matthieu montre que Jésus a accompli la loi et apporte maintenant un moyen nouveau et meilleur de pourvoir à des régulations pour la vie du peuple de Dieu, à savoir le royaume des cieux ou la domination personnelle de Dieu.

Dans tout son sermon, Jésus développe avec autorité les principes clefs de son royaume et établit le modèle de vie qu'il exige de ses sujets. Pour souligner son autorité, certaines de ses paroles sont introduites par le mot hébreu solennel *Amen*, qui signifie « vraiment » ou « en vérité ». Cette note d'autorité personnelle est mise en exergue par Jésus par l'utilisation fréquente de l'expression « Je vous dis ». Il est d'importance vitale que nous ayons compris que le Sermon sur la Montagne n'est pas :

- ◆ Des règles destinées à la société non chrétienne
- ◆ Des moyens d'entrer dans le royaume
- ◆ Une nouvelle loi chrétienne.

Le règne de Dieu

Au lieu de cela, Matthieu 5:1-2 montre que cet enseignement de Jésus est adressé à ceux qui sont déjà ses disciples, qui ont déjà entendu l'appel du royaume et tout abandonné pour le suivre. Le Sermon sur la Montagne est une description du style de vie alternatif et radical réservé par Dieu à ses disciples, à ceux qui ont obéi à son « suis-moi » et ont commencé à vivre sous la domination personnelle de Dieu. Dans tout ce livre, nous verrons que ce style de vie:

- ◆ Glorifie Dieu
- ◆ Lance au monde un défi
- ◆ Apporte des récompenses.

La domination personnelle de Dieu est le fil conducteur de l'enseignement de Jésus ici. Par exemple, le Sermon sur la Montagne inclut la prière du Notre Père, Matthieu 6:9-13 avec sa phrase spécifique: « Que ton règne vienne! » et son explication immédiate: « Que ta volonté soit faite sur la terre comme au ciel. » Et le sermon se termine par l'explication de Jésus selon laquelle seuls les disciples qui font la volonté du Père entreront dans le royaume des cieux, 7:21.

Le Sermon sur la Montagne expose les attitudes, et non les actions, qui caractérisent les vrais disciples. L'introduction du sermon dans le chapitre 5:3-12, est habituellement appelé les « béatitudes » et énumère huit attitudes de bases que Jésus va développer, illustrer et expliquer dans le reste de son sermon. (Il y a parfois eu des controverses sur la manière de compter les béatitudes. Certains parlent de sept, neuf ou dix béatitudes. Si nous considérons les versets 10-12 de Matthieu 5 comme une seule béatitude, il semble qu'il y en ait huit.)

Chaque « béatitude » commence par le mot grec *makarios* qui est habituellement traduit soit par « béni » (*traduction anglaise*) ou « heureux » (*traduction française*). Mais *makarios* n'a pas du tout le sens de « bénis ». Ce mot vient du mot grec *mak* qui signifie « large » ou « long » et contient l'idée de quelqu'un qui a un grand sourire sur son visage. C'est le mot

Les attitudes du royaume

utilisé par Marie dans Luc 1:48 et se traduit le mieux par « très heureux (chanceux) » ou même « félicitations ».

Les béatitudes ou les « belles attitudes » donnent une description générale du caractère des disciples qui vivent dans le royaume. Quand nous les lisons, nous voyons à quoi nous sommes censés ressembler en conséquence de la domination personnelle de Dieu dans notre vie. Si nous vivons pleinement sous son règne personnel, nous pouvons nous attendre à être caractérisés par ces attitudes.

Pauvre en esprit
Les attitudes décrites ici sont présentées selon un ordre strict et qui a toute son importance. « Heureux ceux qui sont pauvres en esprit, car le royaume des cieux est à eux », vient en premier. Les autres attitudes, au nombre de sept et le reste du Sermon sur la Montagne découleront tous de cette attitude première et fondamentale.

Personne ne peut faire partie du royaume de Dieu à moins d'être pauvre en esprit, car il s'agit de la caractéristique de base de toute vie chrétienne véritable. Toutes les autres caractéristiques sont dans un sens le résultat de celle qui consiste à être pauvre en esprit.

Quand Jésus était un bébé, Siméon a dit à Marie et Joseph, dans Luc 2:34 que cet enfant amènerait « la chute et le relèvement de beaucoup ». D'où l'important principe chrétien selon lequel la crucifixion précède la résurrection, la chute précède le relèvement, et le meilleur est toujours à venir pour ceux qui sont en Jésus-Christ.

La pauvreté d'esprit est le point d'entrée dans le royaume de Dieu. Mais de même que le relèvement suit la chute, de même les délices du royaume, la joie, le fruit, l'héritage et les récompenses, sont réservés à ceux, et seulement à ceux qui sont authentiquement pauvres en esprit.

Qu'est-ce que la pauvreté d'esprit?
Lorsque nous lisons le Sermon sur la Montagne, nous y

Le règne de Dieu

découvrons des phrases célèbres telles que:

- ◆ « Présente-lui aussi l'autre (joue) », 5:39
- ◆ « Ne vous inquiétez donc pas du lendemain », 6:34
- ◆ « Aimez vos ennemis », 5:44
- ◆ « Donne à celui qui te demande (à quiconque te demande) », 5:42.

Il ne s'agit pas ici de nouvelles règles qui signifieraient l'exclusion du royaume si elles n'étaient pas respectées. Il ne s'agit pas non plus d'un nouveau code de loi avec son système d'amendes ou de punitions pour ceux qui transgresseraient ces lois. Il s'agit plutôt d'une sorte de montagne éblouissante de beauté que nous désirons ardemment atteindre, qu'il nous a été demandé de gravir, mais dont nous savons qu'elle est totalement hors de notre portée.

Le Sermon sur la Montagne est quelque chose qu'il est absolument impossible de mettre en pratique. Toute personne qui le lit et essaye ensuite de le vivre avec ses propres forces montre qu'il n'a pas compris le message qu'il contient. Comme lorsqu'on se trouve face à une montagne incroyablement haute, il n'y a qu'une seule réaction sensée devant ce sermon, à savoir un regard avide et un cri douloureux: « J'aimerais vraiment le faire, mais je sais que je n'y arriverai pas! Quelqu'un pourrait-il m'aider? »

Quiconque crie ces paroles, ou quelque chose comme cela, et dans une profonde sincérité, montre qu'il est pauvre en esprit, et le royaume des cieux est à lui. Être pauvre en esprit signifie reconnaître que pour autant que notre relation avec Dieu est concernée, nous sommes profondément frappés par la pauvreté et dans la faillite la plus totale.

Les passages suivants nous aident à comprendre plus pleinement la pauvreté d'esprit:

- ◆ Ephésiens 2:1–10, nous savons que nous sommes morts par nos offenses et nos péchés

Les attitudes du royaume

- Matthieu 23:25-28, nous savons que nous cédons à nos propres désirs et nous sommes hypocrites
- Esaïe 6:5, nous savons que nous avons des « lèvres impures »
- Luc 5:8, nous savons que nous sommes intrinsèquement pécheurs.

Il ne s'agit pas d'une pauvreté matérielle
La pauvreté d'esprit est difficile à décrire mais facile à voir. Il est important que nous comprenions qu'elle n'est pas comparable à la pauvreté telle qu'on la conçoit généralement. Jésus ne dit pas que, dans le domaine matériel, les pauvres ont bien de la chance et sont heureux. Toutefois, le pauvre au sens propre du terme sera peut être plus facilement pauvre en esprit que le riche, ce qui est probablement l'une des raisons pour laquelle l'église grandit plus vite dans les nations plus pauvres que dans les pays plus aisés.

Nous avons vu que Jésus demande à ceux qu'il appelle de tout abandonner pour le suivre, et les pauvres ont moins de choses à abandonner que les riches. C'est peut être cela qui explique le principe établi par Jésus dans Luc 18:25.

Ce n'est pas quelque chose de populaire
La pauvreté d'esprit n'est pas une idée populaire dans le monde. Les revues et les programmes de télévision ne donnent pas de conseils sur la manière de devenir pauvre en esprit aujourd'hui. Le monde se fait plutôt l'avocat de la confiance en soi, l'épanouissement personnel et l'expression individuelle. La version du monde de cette béatitude pourrait être: « Heureux sont ceux qui ont confiance en eux, car la prospérité et la popularité leur sont réservées. »

Le monde encourage les gens à « croire en eux-mêmes ». Or la pauvreté d'esprit correspond à l'attitude opposée. C'est:

- L'absence complète d'orgueil

Le règne de Dieu

- ◆ Ne pas avoir d'ambitions personnelles
- ◆ Ne pas avoir la moindre tendance à être sûr de soi
- ◆ N'avoir aucune confiance en soi.

Un homme ou une femme n'est pauvre en esprit que lorsqu'il (ou elle) porte en lui (ou elle)-même, et à tout moment, une conscience totale de n'être rien du tout en comparaison à la réalité ultime de Dieu.

Jésus était pauvre en esprit

C'est vrai dans le sens où Jésus ne dépendait pas de ses propres capacités. Nous savons que Jésus a nourri des milliers de personnes, calmé les tempêtes, guéri les malades, ressuscité les morts, chassé les démons et enseigné avec une grande autorité. Mais nous avons aussi vu qu'il a dit qu'il ne pouvait rien faire de lui-même. Soit il s'agissait d'un mensonge, soit il s'agissait d'une des vérités les plus révolutionnaires qui existe dans notre univers.

Jésus donnait l'impression de pouvoir tout faire. Mais il connaissait la vérité éternelle et absolue selon laquelle par lui-même, il ne pouvait rien faire. Il savait que pour aller à un endroit quelconque, pour faire une chose quelconque, aider une personne quelconque, il avait besoin de s'appuyer sur le Dieu tout puissant et plein d'amour.

Les apôtres étaient pauvres en esprit

Il en était de même pour les leaders de la première église. Ils n'étaient pas des gens faibles qui abandonnaient facilement ou manquaient naturellement de courage. Ils n'essayaient pas de fabriquer une pauvreté d'esprit en prétendant une certaine humilité ou en se vantant de leurs incapacités.

Au lieu de cela, ils étaient si proches de Dieu qu'ils reconnaissaient que leurs capacités naturelles, leurs qualifications officielles, leur statut social ou leur bonne conduite devaient être considérés comme un tas de fumier. Pour eux il s'agissait en effet d'un obstacle à la

Les attitudes du royaume

voie meilleure consistant à s'appuyer sur la domination personnelle de Dieu.

Nous devons être pauvres en esprit
Il devrait en être de même aujourd'hui. Les pauvres en esprit sont des disciples qui ne s'appuient pas sur leur arrière-plan, ne font pas confiance en leur éducation, leur richesse ou leur statut. Ils savent qu'en comparaison avec Dieu, ces avantages sont aussi utiles que de sauter d'un avion sans parachute.

Les disciples ne sont pas pauvres en esprit parce qu'ils sont incapables ou déprimés. Nous devenons au contraire pauvres en esprit en passant du temps à contempler Dieu et suivre Jésus car c'est ainsi que nous comprenons ce que nous sommes vraiment, comparé à eux.

Grâce à cette caractéristique fondamentale, les pauvres en esprit deviennent ceux qui sont considérés heureux, car c'est à eux qu'appartient le royaume des cieux. 2 Corinthiens 6:10 et 8:9 sont des passages qui illustrent comment toutes les bénédictions du royaume sont déversées sur ceux qui ont cette attitude fondamentale dans leur vie.

Le deuil
Comme la première attitude, la seconde montre clairement que le caractère central du royaume est différent, et cela d'une manière frappante, de l'attitude normale du monde aujourd'hui. C'est quelque chose de complètement absurde dans notre raisonnement humain.

La société fuit le deuil. Le monde organise sa vie pour éviter les pleurs. Les gens s'encouragent les uns les autres à oublier leurs difficultés et à passer par-dessus. Les centres de loisirs, le divertissement du petit écran et les rires préenregistrés sont dans l'air du temps. Pourtant Jésus contredit tout cela: « Heureux sont ceux qui sont dans le deuil, car ils seront consolés. »

Même les églises sont affectées par l'attitude du monde. Si Jésus visitait certaines assemblées aujourd'hui, et leur

Le règne de Dieu

donnait l'ordre de prendre le deuil, les responsables de ces églises le corrigeraient très probablement et lui diraient de se réjouir et d'être heureux, souriant et gai, d'être joyeux et louer Dieu. Toutefois, Jésus a dit que les disciples qui vivraient sous sa domination seraient caractérisés par une attitude dans laquelle les pleurs ont une grande valeur.

A quoi correspond ce deuil?
De même que la première attitude ne concernait pas le domaine financier mais quelque chose d'essentiellement spirituel, de même cette seconde attitude concerne plus le deuil spirituel que le deuil naturel.

Toutes ces huit attitudes se réfèrent à un état spirituel et à une attitude spirituelle. Cela signifie que les gens qui sont très recommandés ici sont ceux qui prennent le deuil en esprit, ils sont d'heureux disciples qui seront récompensés par la consolation personnelle de Dieu.

Tout le monde pleure naturellement dans les circonstances tristes de la vie, mais peu prennent le deuil dans l'esprit. Et encore plus rares sont les disciples de Jésus qui sont caractérisés par une profondeur de pleurs qui reflète la manière dont Jésus pleurait sur Jérusalem, sur les leaders religieux de son temps et pour ses proches amis quand ils se disputaient entre eux.

Ceux qui prennent le deuil en esprit sont ceux qui pleurent avec Dieu sur les choses qui font pleurer Dieu. Paul appelle cela la « tristesse selon Dieu » dans 2 Corinthiens 7:10. Ils pleurent sur eux-mêmes, sur leur humanité imparfaite, sur le bien qu'ils veulent faire mais ne font pas, et sur le mal qu'ils font mais qu'ils ne veulent pas faire. Ils reconnaissent qu'ils ressemblent à des oeufs au plat ou à une pizza qui viennent de passer la date limite, encore utiles mais pas aussi bons qu'ils devraient être. Jacques 4:7–10 et Esaïe 6:5 mettent ces pleurs dans leur contexte biblique.

Les attitudes du royaume

Sur quoi pleurons-nous?

- Nous devrions pleurer sur notre refus de pardonner nos ennemis, de donner à quiconque nous demande, de présenter l'autre joue etc... Nous devrions pleurer sur le fait que cela ne nous gêne pas d'accumuler des habits, des voitures et des gadgets électroniques tout en suivant celui qui nous a demandé de vendre ce que nous possédions et en donner le fruit aux pauvres. Nous devrions pleurer parce que nous reconnaissons que nous sommes un peu comme une imitation de montre Rolex ou une paire de chaussures de sport made in Taiwan, certes utiles, mais pas aussi bonnes que le modèle sur lequel ont été faites ces imitations.

- Nous devrions pleurer sur la planète que Dieu nous a donnée, polluée, sur la convoitise humaine qui détruit les forêts, empoisonne l'atmosphère, vend des armes, remplit les rivières de pesticides et étouffe les gens avec des gaz d'échappement.

- Nous devrions pleurer sur l'injustice humaine: sur les dettes et les pratiques commerciales frauduleuses, sur les sans-abris et les réfugiés, sur la manière dont nous traitons les enfants à naître, les prisonniers, les malades mentaux et les personnes âgées.

- Nous devrions pleurer sur les troubles sociaux, la fracture sociale et l'amour du matériel qui est la racine de tous les maux, sur l'apathie de nos voisins face à Dieu et notre apathie face à la destinée éternelle de nos voisins.

Cette sorte de pleurs que nous voyons dans le Psaume 119:136 n'est ni morbide, ni fausse, ni hypocrite. Elle est libératrice, créatrice de vision et une incitation à une action sociale remplie de l'Esprit et dirigée par Dieu. C'est l'attestation la plus authentique et honnête de ce que nous sommes dans

Le règne de Dieu

le monde dans lequel nous vivons, c'est une manière de penser vraiment chrétienne et une sincère *metanoia*.

La récompense de Dieu pour ceux qui pleurent
Jésus promet aux disciples qui pleurent *maintenant* qu'ils seront *un jour* consolés, et c'est la raison pour laquelle ils sont heureux. Si nous pleurons avec Dieu aujourd'hui, nous serons consolés par le Consolateur demain.

Beaucoup de disciples dans le ciel ne seront pas consolés par Dieu. Certains se fabriquent leur propre consolation sur la terre par une « joie » artificielle et un triomphalisme clinquant. D'autres se consolent tout seuls ou ils choisissent la consolation de l'adulation ou de l'évasion. Mais quelques-uns ne se laisseront pas consoler car ils sont trop occupés à pleurer ou parce qu'on leur a appris à ne pas pleurer.

Mais combien sont heureux ceux qui pleurent spirituellement! Ils seront consolés par Dieu lui-même. Comme le montre Esaïe 12:1–6, Psaume 30:5; 32:1–2 et Romains 4:7–8, notre tristesse selon Dieu finira par une joie selon Dieu et des réjouissances.

Débonnaire
Chaque jour, les combats font rage entre les nations ou les groupes de gens qui cherchent à établir leur suprématie sur une partie de la terre. La plupart des gens croient qu'en fin de compte la « puissance » triomphera sur le « droit », mais Jésus laisse entendre quelque chose de différent.

La troisième attitude du royaume est la suivante: « Heureux sont les débonnaires, car ils hériteront de la terre ». Le contrôle du monde, le pouvoir universel, la possession de cette planète, toutes ces choses ne seront pas données aux forts ni aux puissants, ni aux riches, ni aux personnes bien organisées, mais aux doux.

Cela semble absurde. Nous nous trouvons à l'opposé de l'expérience humaine et de la manière de penser du monde. Une fois de plus, Jésus montre à quel point nous avons besoin

Les attitudes du royaume

d'une révolution mentale pour pouvoir vivre dans le royaume. Sa manière de penser est fondamentalement opposée à celle de notre société moderne.

Beaucoup d'églises sont d'accord avec le monde. Elles aimeraient être grandes et puissantes afin de pouvoir dominer une partie de la terre. Elles ont un grand désir de passer dans les médias. Elles prennent de l'assurance et prient pour avoir plus de pouvoir. Et celui qu'elles prient leur répond: « Heureux les débonnaires, car ce sont eux, et eux seulement, qui hériteront la terre ».

L'ordre des attitudes
Les huit attitudes présentées par Jésus dans son enseignement suivent un ordre logique. Le pauvre en esprit commence à pleurer quand il devient conscient de l'étendue de sa faillite et sa conscience réveillée le conduit naturellement à la douceur.

La première attitude nous demande d'admettre notre faiblesse et notre manque de capacités. La seconde nous demande de non seulement reconnaître notre pauvreté d'esprit, mais encore de pleurer sur cette pauvreté. La troisième attitude, celle de la douceur, la docilité ou le fait d'être débonnaire, nous amène plus loin dans la présence de Dieu, jusqu'au point où nous arrêtons d'être concernés par nous-mêmes et nous commençons à être concernés par les autres.

Beaucoup d'entre nous sommes heureux de nous condamner nous-mêmes. Mais ce que nous n'aimons pas, c'est que d'autres pointent le doigt sur nos faillites. Les deux premières attitudes aident les disciples de Jésus à s'examiner eux-mêmes avec honnêteté. Les disciples qui sont doux font un pas de plus et permettent aux autres de les examiner également.

Que signifie être débonnaire?
Philippiens 2:5–11 nous montre que Jésus pouvait prétendre à l'égalité avec Dieu mais choisit de ne pas s'en prévaloir et

Le règne de Dieu

de suivre à la place le chemin d'un esclave. C'est l'attitude de douceur que les disciples sont censés posséder, devant Dieu et devant les hommes.

- ◆ La douceur devant Dieu implique d'être reconnaissant, dévoué, content et soumis à Dieu.

- ◆ La douceur devant les hommes implique d'être doux, docile, et prompt à pardonner. Nous pouvons voir cela dans Philippiens 4:5, Galates 6:1, Matthieu 11:28–30, Esaïe 50:4–5, 1 Corinthiens 13:5, Romains 12:17–21 et 1 Pierre 2:23.

Les débonnaires sont patients. Cela ne leur fait rien d'être sous-estimés ou critiqués. Ils permettent aux autres d'avoir la priorité. Ils cèdent aux autres, n'ont jamais d'exigences et laissent les autres s'affirmer.

Les débonnaires ne sont pas des faibles. Ce sont des forts qui vivent dans la douceur. Ce ne sont pas des fous que l'on trompe facilement: ce sont des sages qui répondent dans l'humilité. Ce ne sont pas des timides qui ont peur d'élever la voix: ce sont des gens éloquents qui parlent discrètement. Ce ne sont pas des gens normaux qui exigent que les choses aillent dans leur sens: c'est le peuple de Jésus qui va toujours dans le sens de Dieu, et suit sa manière de faire, Actes 8:32, Jean 13:5, Luc 10:3 et Matthieu 16:24.

Les débonnaires ne s'inquiètent pas d'eux-mêmes ou de ce que les gens disent d'eux, car ils savent qu'il n'y a rien à défendre. Ils ne perdent pas leur temps à prendre pitié d'eux-mêmes, et savent qu'ils n'ont aucun droit. Etant pauvres en esprit, ils savent que personne ne peut leur dire ou leur faire quoi que ce soit qui soit trop méchant, ils savent qu'il le mériteraient et bien plus encore.

Les disciples vraiment débonnaires sont toujours étonnés de ce que Dieu et les autres gens peuvent penser d'eux de positif. Et c'est cette douceur essentielle qui nous rend capable d'accepter ce que nous sommes en Christ.

Les attitudes du royaume

La récompense réservée aux débonnaires
Jésus promet que ceux qui sont doux hériteront la terre. Dans la dimension « maintenant » du royaume, cela est déjà partiellement le cas. Ceux qui sont doux sont satisfaits et contents. Ils peuvent jouir des choses sans désirer les posséder. Dans un sens, ils ont déjà hérité de la terre, car eux seuls sont libres d'en jouir sans désirer la posséder ou la contrôler.

Toutefois, il s'agit encore là d'une promesse « pas encore » du royaume, dans la même ligne que Luc 14:11, Romains 8:17, 1 Corinthiens 2:9; 2 Corinthiens 6:10 et Apocalypse 21:7. Celui qui est tombé se relèvera. Le dernier sera le premier. Le crucifié ressuscitera. Le débonnaire héritera de la terre. Il s'agit soit d'une terrible déception soit d'une étonnante vérité.

Avoir faim de justice
Les quatre premières attitudes soulignent la faillite spirituelle et le sentiment général d'incapacité des disciples authentiques. Ceux qui vivent sous la domination de Dieu sont pauvres en esprit, ils pleurent, ils sont doux devant Dieu et devant les autres, et maintenant la quatrième attitude nous montre qu'ils sont vides et désirent être remplis. « Heureux sont ceux qui ont faim et soif de la justice, car ils seront rassasiés. »

A la recherche du bonheur
Le monde recherche le *makarios*. Il veut un large sourire et une bonne chance. Il est plein de gens qui cherchent le bonheur. Mais ils le cherchent au mauvais endroit et regardent dans la mauvaise direction.

Jérémie 2:13 montre que les gens ont commis deux péchés. Non seulement ils ont abandonné Dieu, la source inépuisable de vie, qui coule avec abondance, mais ils se sont aussi fabriqués des citernes pour contenir et contrôler le débit de cette eau du bonheur. Mais leurs citernes sont crevassées, elles ne peuvent pas remplir leur rôle.

Dieu est la source de la vie, de l'amour, de la joie, de la satisfaction et du contentement. Nous sommes créés par lui et pour lui. Nous ne pouvons connaître le vrai bonheur qu'en lui et par lui, en dépendant de son approvisionnement en eau de la vie. Et pourtant nous l'avons rejeté et nous avons essayé de nous construire des citernes de bonheur alternatif. Le monde pense qu'il trouvera le bonheur en faisant de cette recherche sa priorité. Jésus dit au contraire que le bonheur est un sous-produit de la recherche de la justice de Dieu.

Faim et soif
La quatrième béatitude parle de disciples qui ont faim et soif. Peu de chrétiens occidentaux ont expérimenté la vraie faim et la vraie soif sur le plan naturel. Nous pouvons manquer un repas et avoir un petit creux. Nous pouvons avoir besoin de boire quelque chose quand il fait chaud et devoir faire un kilomètre supplémentaire pour trouver un café ou une fontaine. Nos vies vécues dans le confort ont diminué la portée des mots «faim» et «soif».

Jésus utilise ces mots pour décrire un désespoir complet. Ses disciples devraient être marqués par cette sorte de préoccupation absolue. Une seule chose se met à compter, tout le reste devient secondaire. Ils savent qu'ils sont vides et ils sont désespérés jusqu'à ce qu'ils soient remplis. Avoir authentiquement faim et soif de quelque chose signifie faire de cette chose notre priorité absolue, notre but le plus élevé et persévérer jusqu'à ce que nous l'ayons atteinte.

Qu'est-ce que la justice?
Les vrais disciples qui partagent les sentiments de Jésus et reflètent ses attitudes ont faim de justice à la manière décrite par le Psaume 27:4. Le mot grec utilisé ici dans les béatitudes, *dikaiosune*, décrit le caractère de « celui qui est en ordre avec Dieu ». C'est un mot qui apparaît souvent dans Matthieu et la référence de Matthieu 6:33 montre qu'il s'agit de l'une des caractéristiques principales du royaume.

Dans l'Evangile de Matthieu, la « justice » est équivalente aux « bonnes oeuvres ». Dans 5:16 par exemple, les « bonnes

Les attitudes du royaume

oeuvres » semblent être synonymes avec la « justice » ou la « conduite juste » que Jésus a tellement accentuée dans les béatitudes. Cela signifie que la justice dans Matthieu se réfère à la conduite éthique que Dieu exige de ses disciples et ne doit pas être confondue avec la compréhension que Paul a de la justice. Pour lui en effet la justice est un don de grâce par lequel l'homme peut se tenir dans une juste relation avec Dieu. Nous devons comprendre et expérimenter ces deux aspects de la justice. Nous sommes justes par la foi comme un don gratuit de Dieu et nous sommes aussi appelés à être justes dans nos attitudes et nos actes.

Être juste signifie simplement « se soumettre à la domination de Dieu, ou se conformer à sa volonté révélée » et nous pouvons voir cela dans Matthieu 3:15; 5:6, 10, 20; 21:32, Jean 16:8, 10, Romains 6:12–23, Ephésiens 6:14, Jacques 1:20 et 3:18. Avoir faim de justice signifie avoir faim de Dieu et avoir soif de se conformer à la volonté de Dieu, vouloir plaire à Dieu en vivant sous sa domination.

Quand sommes-nous rassasiés?
Jésus promet que ceux qui ont faim et soif de justice seront rassasiés. Il ne précise pas avec quoi ils seront rassasiés, mais il s'agit nécessairement de la justice de Dieu. Les quatre attitudes qui suivent décrivent ce que cela signifie en détail.

Il ne dit pas non plus quand ils seront remplis, à part que cela arrivera après qu'ils ont commencé à avoir faim et soif. Toutefois, le Nouveau Testament montre que le « maintenant » et le « pas encore » de la tension du royaume se retrouve ici encore.

- ◆ Romains 5:1 parle du don de la justice activé dans nos vies, par lequel nous sommes rendus justes devant Dieu et que tout disciple a reçu.

- ◆ 2 Corinthiens 3:9–18 décrit une progression dans la justice.

Le règne de Dieu

- ◆ 2 Pierre 3:13 attend les nouveaux cieux et la nouvelle terre où habitera, et là seulement, la justice.

Les miséricordieux
La cinquième attitude correspond à un autre stade du développement d'un caractère qui ressemble vraiment à celui du Christ. Les quatre premières soulignaient le sérieux de nos besoins, maintenant, avec la cinquième attitude, le côté positif du caractère commence à émerger. « Heureux sont les miséricordieux, car ils obtiendront miséricorde. » Les disciples qui vivent sous la domination personnelle de Dieu seront essentiellement miséricordieux.

Les dernières quatre attitudes sont toutes basées sur les quatre premières. En fait elles sont leur conséquence directe, car elles correspondent au caractère qui se développe dans les disciples qui se voient eux-mêmes de manière honnête et savent quelle est la base de leur relation avec Dieu.

Jésus se préoccupe toujours plus de l'attitude de ceux qui le suivent que de leurs actions, il s'intéresse toujours plus à leurs pensées qu'à leur conduite. Ainsi, ici, au lieu de recommander ceux qui exercent la miséricorde, il félicite ceux qui sont plein de miséricorde. Ils étaient déjà remplis à la fin de l'attitude qui précède, et maintenant il révèle de quoi ils ont été rassasiés.

Dans le royaume, le « faire » découle de « l'être ». Nos actions expriment ce que nous sommes, elles démontrent nos attitudes intérieures et la vie des disciples est supposée montrer la miséricorde parce que personne ne peut être disciple sans avoir expérimenté la miséricorde de Dieu.

Qu'est-ce que la miséricorde?
La miséricorde n'est pas une attitude légère et facile, estimant que ce n'est pas si grave, que les lois ne sont pas importantes et que les gens peuvent faire ce qu'ils veulent. La miséricorde décrite ici par Jésus, doit être l'opposé de cela car elle se trouve chez les gens qui ont été remplis de la manière de Dieu d'être

Les attitudes du royaume

juste. La miséricorde n'est authentique que si elle se place dans le contexte de la faim des standards élevés de Dieu et de la vie parfaite de Jésus.

Il y a certains chrétiens en petit nombre qui s'arrêtent à la quatrième attitude. Ils savent que Dieu est juste et saint. Ils connaissent ses standards et en ont faim. Mais ils deviennent critiques et non miséricordieux. Ils montreront peut-être la justice de Dieu, mais non sa miséricorde et donneront donc une image faussée de Dieu au monde.

Ephésiens 2:4 montre à quel point Dieu est riche en miséricorde et nous devrions refléter cet aspect de son caractère dans nos attitudes et nos actes.

La miséricorde est plutôt de la grâce. Elle décrit la manière dont Dieu donne tout et gratuitement à des personnes qui ne le méritent pas, sans poser de conditions. La grâce est associée à ceux qui sont dans le péché, alors que la miséricorde est associée à ceux qui sont dans la souffrance. La grâce est le mot qui désigne la réponse que Dieu donne au péché humain tout entier, la miséricorde est le mot qui montre la manière dont il s'occupe des souffrances qui découlent du péché.

La miséricorde est une pitié concrète pour la souffrance d'une personne particulière, avec *en plus* un désir, une intention d'apaiser cette souffrance, *avec* l'action correspondante. Il s'agit d'empathie mêlée à l'action. C'est ce qui est décrit dans Luc 10:25–37 et Marc 1:40.

Bien sûr, beaucoup de gens ordinaires ont cette sorte de sentiments pour ceux qui sont manifestement dans le besoin. Mais la miséricorde de Jésus va beaucoup plus loin, car la souffrance dont il prend pitié et qu'il essaye d'apaiser inclut des choses qui sont d'ordinaire désirées par les gens, la misère du matérialisme, de l'abondance, de la puissance, de la convoitise et des autres conséquences de l'égoïsme et du péché.

Ils obtiendront miséricorde

Dieu est le seul exemple acceptable. Il a donné cette planète à l'humanité. Nous l'avons ruinée. Il nous a donné la liberté de l'aimer, nous l'avons rejeté. Il nous a envoyé son Fils pour nous montrer son amour, nous l'avons crucifié. Il voit notre souffrance, notre misère, nos ambitions et notre amour des richesses matérielles. Il entend nos mensonges, notre arrogance, notre hypocrisie et notre confiance dans une fausse sagesse. Et il répond à tout cela avec encore plus de grâce et de miséricorde.

Les heureux que Jésus recommande sont ceux qui se sont reconnus tels qu'ils sont. Ils sont pauvres en esprit, et il leur donne son royaume. Ils pleurent, et il les console. Ils sont doux et il leur promet la terre. Ils ont faim de sa manière d'être droit et de sa droiture d'action, et il les rassasie complètement.

Il est certain que notre expérience présente et passée de la miséricorde de Dieu influencera notre attitude envers les autres. Il est certain également que notre conscience de nos fautes et de nos manquements nous poussera à réagir dans la miséricorde à l'égard de ceux qui souffrent à cause de manquements humains semblables aux nôtres.

Nous commencerons à être remplis d'une attitude de miséricorde quand nous saurons à quel point nous sommes éternellement redevables à la miséricorde de Dieu, lorsque nous serons profondément conscients du fait que nous ne sommes ce que nous sommes qu'à cause de la grâce infinie de Dieu.

Une expérience future
Même si nous avons tous expérimenté la miséricorde de Dieu, la miséricorde que nous promet ici Jésus est réservée à l'avenir. Cela montre qu'une attitude de miséricorde n'est pas une condition du salut, mais plutôt la démonstration d'une vie de disciple.

Cette qualité de notre ressemblance au Christ, comme tant d'autres, attire la bénédiction de Dieu. Elle sera récompensée au dernier jour. Si nous refusons de montrer de la miséricorde ou l'une quelconque des attitudes du royaume, nous ne perdrons pas notre salut, mais nous provoquerons le déplaisir de notre Père.

Un coeur pur

A première vue, la sixième attitude énumérée dans les béatitudes semble être à la mauvaise place. « Heureux ceux qui ont le coeur pur, car ils verront Dieu » est une promesse tellement magnifique qu'elle donne l'impression qu'elle devrait se trouver en premier ou en dernier sur la liste. Mais les béatitudes sont présentées dans un ordre logique. Elles découlent l'une de l'autre et elles correspondent à une condition toujours plus difficile que la précédente. Nous sommes appelés à persévérer en passant à travers toutes ces attitudes, jusqu'à atteindre le coeur de Dieu.

Beaucoup de disciples qui sont pauvres en esprit, qui savent qu'ils ne sont rien comparés à Jésus, continuent à pleurer sur leurs manquements. Certains d'entre ceux qui pleurent pour le pire qu'ils voient en eux deviennent doux devant les autres et leur permettent de les examiner à leur tour. Parmi ceux qui sont doux, certains ne sont pas satisfaits de leurs manquements et passent à l'étape de la faim et de la soif de la justice. Certains parmi ceux qui goûtent à la grâce et à la miséricorde de Dieu deviennent miséricordieux envers les autres. Et enfin parmi ceux qui sont remplis de sa miséricorde, certains continuent à se soumettre à la domination de Dieu et deviennent purs dans leur coeur.

Comme les autres, l'attitude décrite ici montre que Jésus est plus concerné par les choses intérieures que par les choses extérieures. Jésus ne recommande pas la pureté de conduite, parce qu'il se préoccupe plus du caractère que de la conduite.

Il ne recommande pas plus la pureté de doctrine. L'appel du royaume et les cinq premières attitudes auraient pu nous conduire à penser que Jésus recommanderait ensuite « ceux qui ont un intellect pur ». Mais Jésus dit que ceux qui ont le coeur pur sont heureux car eux, et eux seuls, verront Dieu.

Le règne de Dieu

Qu'est-ce que la pureté du coeur?
A l'époque de Jésus, le coeur était une image décrivant le siège de la personnalité humaine, le centre de l'être humain, le « moi » intérieur et invisible mentionné par 1 Samuel 16:1 et 1 Pierre 3:4. Jésus se réfère à des disciples qui sont purs dans leurs pensées, leurs émotions et leur volonté et à ceux qui sont purs au centre de leur être, à la source de leurs attitudes et de leurs émotions.

Un des messages principaux de l'Ecriture c'est: « mettez votre coeur en ordre ». Nous voyons ceci dans Proverbes 4:23 et Matthieu 15:8. Cela signifie deux choses:

- ◆ Être lavé, frotté et entièrement nettoyé et purifié

- ◆ Ne rien receler de caché, être redressé, honnête, droit et sans arrière pensée.

Une vision de Dieu
Comme pour les autres promesses, celle-ci laisse une légère ambiguïté. Jésus n'explique pas clairement comment, où et quand ceux qui ont le coeur pur verront Dieu. Il déclare simplement sans laisser de doutes qu'ils le verront! Nous retrouvons cette promesse dans 1 Timothée 1:17, 2 Timothée 6:16, 1 Corinthiens 13:12 et 1 Jean 3:2.

De nouveau, cette promesse est accomplie en partie « maintenant » et de manière plus complète « alors ». Dans un sens, les disciples voient déjà Dieu d'une manière que personne d'autre ne peut expérimenter, dans la création, dans les autres personnes, les circonstances, les croyants, l'adoration, les Ecritures et leur expérience quotidienne. Tout cela fait partie du fait de voir Dieu, mais n'est rien en comparaison de la manière dont le coeur pur le verra dans l'avenir.

Lorsque nous avons un rendez-vous pour rencontrer un personnage important, nous faisons attention à bien nous laver, à nous habiller avec soin et nous préparons ce que nous avons à dire. Lorsque nous saisirons que nous avons la chance de voir Dieu, tout le reste deviendra insignifiant. Lorsque nous

Les attitudes du royaume

réaliserons que nous avons la chance de voir le Roi des rois, nous ferons tout ce qui est en notre pouvoir pour saisir cette chance.

Seuls ceux qui ont le coeur pur le verront, et personne ne peut purifier son coeur. Nous pouvons empêcher notre coeur d'être purifié, nous pouvons freiner le processus, mais nous ne pouvons pas nous purifier nous-mêmes. Il s'agit de l'oeuvre de Dieu.

- ◆ Il exige une pureté absolue, Psaume 24:4, Hébreux 12:14, Apocalypse 21:27
- ◆ Il procure la pureté intérieure, 1 Jean 1:7, Ezéchiel 36:25-27, Hébreux 10:22, 1 Corinthiens 6:11.

Mais Romains 8:5, Psaume 86:11, 2 Corinthiens 6:17 à 7:1 et Ephésiens 5:3-10 montrent que nous devons avoir un authentique « désir du coeur » pour Dieu. Nous devons vouloir vivre sous la domination de Dieu, avoir ses attitudes et être comme Jésus.

Ceux qui procurent la paix

A la base, l'humanité imparfaite désire naturellement contrôler, dominer et être puissante. Mais ce n'est pas là le chemin montré par Jésus. Il n'a pas recommandé les hommes de guerre et les dominateurs, les leaders puissants, mais il a dit au contraire: « Heureux ceux qui procurent la paix, car ils seront appelés enfants de Dieu. »

Seuls les disciples qui sont pauvres en esprit entrent pleinement dans le royaume de Dieu. Quelques uns restent paralysés par la conscience de leur pauvreté, tandis que les autres font des progrès spirituels et pleurent sur leurs manquements. Certains de ceux qui ont commencé par les pleurs finissent par les plaintes, les autres deviennent doux. Un petit nombre de doux tombent dans la passivité mais la plupart continuent par avoir faim d'être droit devant Dieu.

Parmi ceux qui goûtent à la justice, certains malheureusement deviennent durs mais les autres sont remplis de miséricorde.

Le règne de Dieu

Certains des disciples miséricordieux se contentent de ce qui leur semble le mieux mais nous sommes tous appelés à progresser dans la pureté du coeur. Quelques uns parmi les purs choisissent de sortir du monde, mais Dieu veut que nous persévérions pour atteindre le point où nos attitudes deviennent des actions où notre caractère se montre dans notre conduite, où le fait que nous soyons remplis avec et par Dieu apporte des résultats éminemment pratiques de notre ressemblance au Christ.

Il est important que nous comprenions que nous pouvons tous progresser dans toutes ces attitudes. Le fait que quelques chrétiens vont parfois rétrograder ne signifie pas que nous sommes tous obligés de stagner dans notre vie spirituelle. Jésus nous appelle à le suivre et il nous procure tout ce dont nous avons besoin pour le suivre avec profondeur dans son merveilleux royaume. Nous pouvons tous atteindre le point où nous sommes remplis de ses attitudes, et c'est la raison pour laquelle nous devons continuer à emprunter le chemin de Dieu, même lorsqu'il est étroit et difficile.

Ces belles attitudes devenant plus dures, chaque promesse devient meilleure. Les disciples qui procurent la paix seront appelés «enfants de Dieu». Ils ne seront pas seulement des clients, des spectateurs, des membres, des citoyens, des serviteurs des partenaires ou des disciples, ils seront aussi des enfants. Ils auront une identité nouvelle qui sera associée à leur nouvelle nature et une nouvelle relation qui correspondra à leurs nouvelles attitudes.

Que veut dire procurer la paix?
Les artisans de paix ne sont ni querelleurs ni raisonneurs. Ils ne se donnent pas la peine de provoquer le trouble autour d'eux. Ils ne se préoccupent pas d'eux-mêmes. Ils préféreront se donner du mal, à un coût personnel très élevé, pour amener les gens à avoir entre eux une relation caractérisée par la paix qui est basée sur la justice de Dieu.

Les attitudes du royaume

Les artisans de paix ne sont ni hypersensibles ni sur la défensive. Ils ne regardent pas une situation en se posant la question de savoir comment elle pourrait les affecter eux-mêmes ou le groupe auquel ils appartiennent. Au lieu de cela ils sont purs, doux et humbles. Ils sont morts à eux- mêmes et à leurs intérêts personnels. Ainsi lorsqu'ils contemplent une situation, ils se demandent uniquement comment cela affectera les autres.

Les artisans de paix doivent premièrement pleurer et être miséricordieux. Ils voient les gens perdus dans leur colère et leur amertume et réalisent qu'ils sont les victimes de leur égoïsme et de leur péché. Ils savent que ces gens se dirigent vers l'enfer et cela augmente leurs larmes et leur miséricorde. Ensuite ils agissent.

Les artisans de paix sont des gens profondément pratiques. Ils font toutes les choses qui sont décrites dans le reste du Sermon sur la Montagne:

- ◆ Ils font de la réconciliation une priorité
- ◆ Ils font le mille (kilomètre) supplémentaire
- ◆ Ils présentent l'autre joue
- ◆ Ils aiment leurs ennemis
- ◆ Ils donnent à quiconque leur demande
- ◆ Ils restent discrets quant à leur générosité et leur justice
- ◆ Ils sont au service de Dieu et non de l'argent
- ◆ Ils ont un coeur déterminé pour le royaume de Dieu
- ◆ Ils ne jugent pas les autres
- ◆ Ils ne s'inquiètent pas.

Dans un sens, le reste du Sermon sur la Montagne n'est qu'une description étendue de la manière pratique de procurer la paix. Cette description reflète les belles attitudes précédentes et elle illustre les résultats d'une vie dominée par Dieu et le fruit d'une vie vécue dans le royaume.

Le règne de Dieu

Dès le départ nous avons vu que ces paroles difficiles de Jésus sont impossibles à mettre en pratique par nos propres efforts. Mais maintenant nous pouvons voir qu'elles sont le résultat naturel du fait de suivre le Christ et de progresser à partir de la pauvreté d'esprit, en passant par toutes les autres attitudes, pour aboutir à cette sainte construction de la paix.

Enfants de Dieu
Dieu appellera ses enfants ces disciples qui font de la paix éternelle et terrestre leur priorité. C'est la raison pour laquelle tant de promesses bibliques, de récompenses et d'héritages célestes ne récompensent pas une bonne doctrine ni le fait de chasser les démons, mais le fait d'accueillir les étrangers, de nourrir les pauvres et de donner un toit aux sans-abris.

Être un enfant de Dieu c'est être un frère ou une soeur de Jésus. Il a démontré lui-même ces huit attitudes tout le temps mais la priorité la plus élevée était de faire la paix, la paix entre Dieu et nous et la paix entre les humains. Il est le «Prince de la Paix», l'artisan de paix suprême et tous ceux qui le suivent sont censés être comme lui.

Ceux qui sont persécutés
Les sept premières attitudes ont toutes souligné le fait que le royaume est très différent du sens commun de notre société moderne. La huitième attitude est encore plus surprenante: « Heureux sont ceux qui sont persécutés à cause de la justice, car le royaume des cieux est à eux. »

Aujourd'hui, on est désolé pour ceux qui sont persécutés. On essaye de les soutenir. On fait des campagnes en leur faveur. Parfois on les admire mais on ne les envie pas et on ne trouve pas qu'ils sont heureux ou qu'ils ont de la chance. Jésus par contre estime qu'ils sont heureux s'ils sont persécutés à cause de la justice.

Les sept premières attitudes décrivent des disciples qui sont dominés par Dieu. La dernière correspond plus au résultat inévitable des sept premières attitudes qu'à une attitude en

Les attitudes du royaume

elle-même. Toutefois elle correspond à la description d'un authentique disciple de Jésus.

Le monde ne se tournera pas vers le christianisme sur la base des attitudes qui lui sont propres. Les pleurs, la douceur, la miséricorde et la pureté n'ont pas d'attraits dans l'esprit de nos contemporains. La persécution encore moins. Pour Jésus le fait d'être rempli de ces attitudes conduit nécessairement à la persécution. Cette suggestion de la persécution semble destinée à décourager la plupart des gens de choisir une vie de disciple. Mais Jésus dit toujours l'entière vérité et nous laisse ensuite choisir si nous voulons oui ou non le suivre sur son chemin étroit.

La récompense
Jésus promet à ceux qui sont persécutés la même chose qu'aux pauvres en esprit: le royaume des cieux. En commençant et en finissant avec la même récompense, il nous montre qu'une implication profonde dans son royaume éternel est le don le plus important qu'il nous fait.

Les disciples de Jésus étaient souvent excités par l'adulation des foules. Mais Jésus leur dit dans Luc 10:17–20 de ne pas se réjouir dans ce genre de succès. Ils devaient plutôt se réjouir de ce que leurs noms étaient écrits dans les cieux.

Il en est de même ici. Jésus avertit ceux qui ont reçu la promesse d'hériter la terre, d'être consolés et rassasiés par Dieu, de voir Dieu et d'être reconnus comme ses enfants qu'aucune de ces merveilleuses choses est aussi importante que le fait d'être impliqué dans son royaume. C'est à la fois le commencement et la fin de la vraie vie de disciple.

Pour la justice
Jésus ne promet pas de grande récompense à ceux qui sont persécutés. Il ne promet rien à ceux qui sont persécutés parce qu'ils sont maladroits ou ont une conduite répréhensible ou à cause de leur impérialisme ou de leur politique. Il ne fait pas l'éloge des fanatiques ou de ceux qui

récoltent les problèmes à cause de leur manière insensée de témoigner de leur foi.

Il déclare simplement que ceux qui sont persécutés à cause de la justice recevront son royaume et de grandes récompenses dans les cieux.

Être persécuté à cause de la justice signifie souffrir du fait qu'on est comme Jésus. Être rempli des attitudes décrites dans Matthieu 5, c'est être comme Jésus et il a été lui-même persécuté à cause de ce qu'il était.

La persécution est la conséquence inévitable qui accompagne le fait d'être comme Jésus. C'est pourquoi il a dit à ses disciples de se charger chaque jour de leur croix, de se rappeler que le monde les haïrait, d'être prêts à la souffrance, à la déception et à la mort, et à se considérer comme privilégiés car le royaume les attend. Nous pouvons voir cela dans Jean 15:18-21, Luc 6:26, 1 Pierre 2:19-23, 2 Pierre 3:14-18 et 2 Timothée 3:12.

L'opposition
Beaucoup de croyants pensent que la foi chrétienne est attractive en soi. Ils pensent que leurs amis se convertiraient vite s'ils expérimentaient une vraie louange, verraient un vrai miracle ou rencontreraient quelqu'un qui ressemble vraiment au Christ. En pensant ainsi ils passent à côté de la vérité contenue dans cette huitième attitude.

Le christianisme authentique a toujours été profondément répugnant pour les gens ordinaires. Les vrais disciples de Jésus seront toujours persécutés parce qu'il y a quelque chose de différent à propos de Jésus et ceux qui sont soumis à sa domination. Et ce quelque chose de différent perturbe.

Ses enseignements sont inhabituels. Ses attitudes transforment en vertus ce que la société méprise. La leçon apprise de l'histoire montre que nos amis et nos parents incroyants ne voudront pas nécessairement du modèle authentique du christianisme lorsqu'ils le verront sous leurs

Les attitudes du royaume

yeux. Certains d'entre eux le persécuteront, comme leurs prédécesseurs ont persécuté le Christ et les prophètes avant lui.

Quiconque vit vraiment les sept premières attitudes expérimentera la huitième. Comme Jésus il découvrira qu'il n'est pas apprécié des leaders religieux de son époque et qu'il est au contraire la cible de leurs persécutions.

Le monde n'a besoin de rien de plus que de voir plus de gens dominés par Jésus, au point d'être devenus comme lui. L'église n'a besoin de rien de plus que d'avoir plus de disciples comme Jésus. Et il n'y a qu'une seule chose plus certaine que le fait qu'ils seront persécutés parce qu'ils sont comme lui, c'est qu'ils recevront une grande récompense quand le royaume viendra enfin dans sa plénitude.

Si le monde persécutera les disciples qui sont comme Jésus, nous devons nous souvenir que ce sont eux que Dieu utilisera le plus volontiers pour réveiller la conscience de ce monde afin qu'il réalise son péché et son besoin du royaume.

Chapitre Quatre

Le monde et le royaume

En tant que disciples qui sont entrés dans le royaume et ont commencé à vivre sous la domination de Dieu, nous vivons dans la tension entre le « monde » et le « royaume » car nous nous trouvons dans les deux en même temps.

La première partie du sermon sur la montagne qui suit les béatitudes, Matthieu 5:11–16, parle de la réaction du monde face au royaume et de l'attitude du royaume par rapport au monde.

Le monde
Le Nouveau Testament utilise le mot *kosmos*, monde, de trois manières:

- ◆ Le monde créé, l'ensemble de l'ordre de la création, Jean 1:10; 17:5, Romains 1:20
- ◆ La sphère de la vie humaine, le monde des hommes, dans lequel les gens naissent, Jean 3:16; 6:14; 9:5, 39; 11:27; 12:19; 13:1; 14:19; 18:37, 1 Corinthiens 14:10, 1 Timothée 6:7
- ◆ Le monde pécheur qui est en conflit avec Dieu, 1 Jean 2:15–17.

Cela signifie que lorsque nous lisons le terme «monde» dans le Nouveau Testament, il est important de s'arrêter sur le sens de *kosmos* dans le contexte. Ne pas le faire peut créer une grande confusion. Par exemple, Jean révèle le grand amour de Dieu pour le monde dans Jean 3:16 et pourtant, le même Jean nous commande de ne pas tomber amoureux du monde dans 1 Jean 2:15–17. Il est évident que Jean utilise le mot *kosmos* de deux manières différentes ici – dans Jean 3:16 pour se

Le règne de Dieu

référer à l'humanité et dans 1 Jean 2:15-17 pour se référer à un système organisé d'hostilité et de rébellion actives contre Dieu. L'avertissement « n'aimez pas le monde » ne concerne donc pas le monde de la nature ni celui des hommes mais le monde qui s'est élevé contre Dieu.

C'est bien dans ce sens que le mot *kosmos* est utilisé quand nous considérons l'opposition entre le royaume et le monde. Dans cette utilisation du terme, le « monde » désigne un système qui est directement opposé à Dieu mais qui, en Christ, a eu à faire à forte partie, c'est le moins que l'on puisse dire.

L'opposition du monde

Le Nouveau Testament donne une image complète et contrastée de la tension qui existe entre le monde et Dieu.

- ◆ Jésus est venu dans le monde mais le monde ne l'a pas connu, Jean 1:10.
- ◆ En dehors de Jésus, le monde est dans les ténèbres spirituelles, Jean 8:12, 9:5.
- ◆ Le monde est hostile à Jésus, Jean 7:7.
- ◆ Jésus est venu pour juger et jeter dehors le prince de ce monde, Jean 12:31; 14:30; 16:11, 33.
- ◆ Les disciples ne sont pas du monde, Jean 17:9, 14, 16.
- ◆ Les disciples sont envoyés dans le monde pour apporter au monde la foi et la connaissance, Jean 17:18, 21, 23.
- ◆ Les disciples ne doivent pas aimer le monde, 1 Jean 2:15, 16.
- ◆ Le monde passe, 1 Jean 2:17, 1 Corinthiens 7:31.
- ◆ Le monde ne connaît pas Dieu, 1 Jean 3:1.
- ◆ Le monde hait les chrétiens, 1 Jean 3:13.
- ◆ Le monde reçoit les faux prophètes, 1 Jean 4:1.
- ◆ Le monde a l'esprit de l'antéchrist, 1 Jean 4:3.

Le monde et le royaume

- Le monde écoute ceux qui lui appartiennent, 1 Jean 4:5.
- Le monde est sous la puissance du malin, 1 Jean 5:19.
- Jésus est le sauveur du monde, 1 Jean 4:14.
- La foi en Jésus peut triompher du monde, 1 Jean 5:4–5.
- Le monde est sous le jugement de Dieu, Romains 3:16, 1 Corinthiens 6:2 et 11:32.
- L'esprit du monde s'oppose à l'Esprit de Dieu, 1 Corinthiens 2:12.
- Le monde est sans espérance et sans Dieu, Ephésiens 2:12.
- Les chrétiens sont des lumières au milieu d'une génération perverse qui se trouve dans le monde, Philippiens 2:15.
- Christ a réconcilié le monde, 2 Corinthiens 5:19.
- Les chrétiens vivent dans le monde sans lui appartenir, Colossiens 2:20.

Nous pouvons voir que le royaume et le monde sont profondément antagonistes et fondamentalement opposés l'un à l'autre. Il ne peut y avoir aucune collaboration paisible entre eux car le monde s'oppose à la justice du royaume et le royaume met en lumière le péché qui réside dans le monde. Tout cela nous montre la nécessité absolue pour ceux qui sont dans le monde de naître de nouveau, d'être changés par Dieu de l'intérieur. Sans cette oeuvre de grâce, il n'y a pas d'espoir pour eux.

La haine et la persécution
Le témoignage clair du Nouveau Testament et de l'histoire de l'église montre que le monde a de la haine pour le christianisme authentique et s'oppose à lui par la persécution. Nous ne devons pas oublier cette vérité aujourd'hui alors

Le règne de Dieu

que Dieu bénit l'église de plus en plus par la croissance. A un certain stade de ce développement, le monde répondra inévitablement à cette présence par la même opposition, la même haine et la même persécution auxquelles l'église a dû faire face au cours des siècles.

- ◆ Matthieu 5:11 montre que nous pouvons nous attendre à être vilipendés, persécutés et faussement accusés.
- ◆ Luc 6:22 enseigne que nous pouvons nous attendre à être haïs, exclus, vilipendés et chassés avec des insultes.
- ◆ Actes 14:22 enseigne que l'entrée dans le royaume est parsemée de beaucoup de tribulations.
- ◆ 2 Timothée 3:12 dit que *tous ceux* qui désirent vivre pieusement en Jésus seront *persécutés*.
- ◆ 1 Jean 3:12-13 nous dit de ne pas être surpris si le monde nous hait.

Pourquoi est-ce que le monde persécute le royaume?
Le Nouveau Testament fait remonter l'opposition du monde au royaume à la tentative d'Hérode de tuer Jésus, à l'emprisonnement de Jean-Baptiste, à son exécution, à l'arrestation de Jésus et à sa crucifixion. Il retrouve la trace de cette opposition avec l'emprisonnement de Pierre et Jean, la mort d'Etienne et de Jacques, la dispersion des croyants, l'opposition généralisée concentrée sur Paul et les tribulations rapportées dans le livre de l'Apocalypse.

Le Nouveau Testament se préoccupe plus de préparer les disciples à la persécution que de l'expliquer. Toutefois il semble que si le monde hait les gens qui sont dominés par Dieu, c'est parce que leurs vies sont radicalement différentes. Le monde n'accepte jamais ceux qui sont différents. Ce qu'il y a de pire dans la conduite humaine est en grande partie une réaction face aux hommes et aux femmes qui sont différents: le racisme, la purification ethnique, l'apartheid, la lutte des classes, le sexisme, et jusqu'à la manière dont les gens sourcillent en voyant un mendiant ou quelqu'un qui est handicapé mental.

Les disciples qui sont remplis des attitudes de Jésus sont pauvres en esprit, attristés, purs, aimants, généreux, miséricordieux, ont faim de justice, sont préoccupés de construire la paix et s'opposent à l'hypocrisie. Ils sont contre le péché, l'égoïsme et le matérialisme. Ils ne mettent pas leur confiance dans leur éducation, leur formation, leurs capacités naturelles ou leurs rituels religieux. Ils sont opposés aux valeurs du monde et se distinguent toujours parce qu'ils sont différents. Le monde répond à cette différence par l'opposition.

Des passages tels que Colossiens 1:13 et 1 Jean 5:7 mettent l'accent sur la différence entre les gens dominés par le monde et ceux qui sont dominés par Dieu. Des images telles que « la lumière et les ténèbres », « la vie et la mort » montrent que le monde et le royaume n'ont rien en commun, ils sont totalement différents. Le Nouveau Testament va plus loin que cela en suggérant toutefois deux raisons principales pour lesquelles le monde hait les disciples.

1. La parole

- ◆ Jean 5:24 suggère que le fait d'entendre la parole de Jésus est attaché au transfert de la mort à la vie, du monde au royaume.

- ◆ Matthieu 13:18–23 montre que l'écoute de la parole du royaume est au centre de la bataille qui se livre entre le monde et le royaume. Le verset 21 montre clairement que la tribulation et la persécution arrivent à cause de la parole. Le verset 22 montre que le monde cherche à étouffer la parole.

- ◆ Jean 17:14 relie les paroles de Jésus à la haine du monde. Les disciples sont haïs parce qu'ils ne sont pas « du monde ». Et ils ne sont pas « du monde » parce qu'ils ont adopté la parole de Jésus.

Le règne de Dieu

Nous savons que le royaume est la domination personnelle de Dieu et nous avons vu que Dieu règne sur nous personnellement et directement par sa parole. Il nous parle et nous répondons à sa parole par la foi et la soumission.

Le monde comprend des règles, des systèmes et des codes. Le légalisme est donc au coeur de la manière de fonctionner du monde. Le royaume, basé sur la parole de Dieu, est anathème pour le monde, et le monde ne se laissera arrêter par rien dans sa tentative de détruire le royaume.

2. Le Christ

Jean 15:18-25 montre que le monde nous hait parce que nous avons été choisis par le Christ et que nous lui appartenons. Ils l'ont haï avant de nous haïr. Ils nous haïssent parce que Jésus nous a choisis du milieu du monde. Ils nous persécutent parce qu'ils l'ont persécuté en premier. Ils s'opposent à nous à cause de son nom, à cause de Jésus.

La persécution à laquelle les disciples font face n'est pas dirigée contre eux en premier. Cette persécution vise celui qui règne sur les disciples. Elle est faite pour blesser le Christ et faire de la peine à Dieu. Jean 16:1-4 montre que le monde fait cela parce qu'il ne connaît ni Dieu ni Jésus.

La réponse du royaume

Le Nouveau Testament montre clairement que les disciples qui sont dominés par Dieu sont appelés à répondre à l'opposition du monde de trois manières complémentaires. Chacune de ces réponses reflètent la manière dont Jésus a lui-même fait face à l'opposition dans sa propre vie.

Endurer toutes les persécutions

Dans Jean 17:12-18, Jésus prie pour ses disciples. Il montre qu'ils ne sont pas du monde et que le monde les hait. Mais au lieu de prier Dieu pour qu'il les enlève du monde, il demande à Dieu de les protéger du malin dans le monde.

Jésus envoie ses disciples dans le monde en sachant

Le monde et le royaume

qu'ils feront face à une grande opposition. Ils doivent supporter tout ce que le monde essayera de leur jeter à la figure.

La persévérance des saints est soulignée à bien des reprises dans le Nouveau Testament, par exemple :

- ◆ Actes 14:22, les nouveaux disciples sont exhortés à continuer dans la foi et il leur est dit que c'est par beaucoup de tribulations qu'il faut entrer dans le royaume de Dieu.
- ◆ Romains 8:17, nos souffrances sont « avec Christ ».
- ◆ Romains 15:4–5, Dieu donne de l'endurance par sa parole.
- ◆ 1. Corinthiens 4:11–16 et 2 Timothée 3:10–12, Paul a enduré la persécution et presse ses lecteurs de l'imiter dans cette voie.
- ◆ Philippiens 1:27–30, nous devons « demeurer ferme » et ne pas nous laisser effrayer par les adversaires.
- ◆ 2. Thessaloniciens 1:4–8, nous devons faire preuve de persévérance et de foi.
- ◆ 2 Timothée 2:3, nous devons souffrir comme un soldat.
- ◆ 2 Timothée 2:12, notre persévérance sera récompensée.
- ◆ Hébreux 6:15, la persévérance patiente d'Abraham a été récompensée.
- ◆ Hébreux 10:29–39, nous devrions nous associer à ceux qui souffrent et persévérer pour recevoir des biens meilleurs dans le ciel.
- ◆ Jacques 5:11, la persévérance fait partie du plan de Dieu pour nous.
- ◆ 1 Pierre 2:19–23, Dieu fait l'éloge de la persévérance.

Le règne de Dieu

Aimer et pardonner ceux qui nous persécutent
Dans l'une des sections du sermon sur la montagne, Matthieu 5:43–48, Jésus instruit ses disciples sur la manière de répondre à leurs ennemis. Si nous sommes remplis des attitudes de Jésus voici ce que nous ferons:

- Nous aimerons nos ennemis
- Nous bénirons ceux qui nous maudissent
- Nous ferons du bien à ceux qui nous haïssent
- Nous prierons pour ceux qui nous persécutent.

Les versets 45–48 montrent que nous sommes appelés à réagir ainsi parce que c'est la manière dont Dieu lui-même agit. Et Luc 23:34 illustre parfaitement la manière dont Jésus répond à ceux qui le persécutent.

Romains 12:14–21 répète une bonne partie de l'enseignement de Jésus. Nous ne devrions pas être vaincus par le mal, nous devrions plutôt vaincre le mal par le bien, en prenant soin de nos ennemis pratiquement et en les bénissant.

Se réjouir lorsqu'on est persécuté
Nous avons déjà vu que dans Matthieu 5:12, Jésus nous exhorte à nous réjouir et à être heureux quand nous sommes persécutés. Luc 6:23 va même plus loin! A première vue cela semble absurde. Mais nous ne devons pas nous réjouir et sauter de joie parce que nous sommes persécutés mais parce que notre récompense sera grande dans les cieux.

- Actes 5:41; 16:25, Philippiens 2:16–17 et Colossiens 1:24 nous montrent comment les disciples de Jésus ont mis son enseignement en pratique.
- Romains 5:3–5 rapporte comment Paul se glorifie dans les tribulations à cause de ce qu'elles produisent en lui.
- 2 Corinthiens 4:16–18 montre que la manière dont les disciples réagissent à leurs afflictions temporaires peut produire « au-delà de toute mesure, un poids éternel

Le monde et le royaume

de gloire ».

- ◆ Jacques 1:2 nous encourage à nous réjouir dans nos épreuves parce qu'elles produisent en nous la patience.
- ◆ 1 Pierre 4:12–19 nous encourage à nous réjouir parce que nous participons aux souffrances du Christ et il fait allusion au fait que la joie sera d'autant plus grande au dernier jour.

Vivre le royaume en étant dans le monde

Jean 17:15–18 est un passage vital pour comprendre notre relation avec le monde en tant que représentants du royaume. Jésus nous envoie dans le monde. Il veut que nous soyons profondément impliqués dans le monde. Il reconnaît que nous ne sommes pas du monde et que le monde nous hait. Même ainsi, plutôt que de prier pour que nous soyons ôtés du monde, il prie que Dieu nous garde saufs dans le monde. Pourquoi fait-il cela? C'est parce qu'il veut que nous proclamions la bonne nouvelle au monde, par nos paroles et nos vies, afin que le monde connaisse la vérité sur l'amour de Dieu.

Dans Matthieu 5:13–16, Jésus utilise deux images pour démontrer la manière dont nous devrions être impliqués dans un monde qui nous hait et nous persécute.

Le sel de la terre

Matthieu 5:13 stipule que les disciples sont « le sel de la terre ». A l'époque de Jésus, le sel avait cinq usages particuliers.

- ◆ Il était ajouté à la nourriture comme un *arôme* pour la rendre plus agréable au goût.
- ◆ Il était frotté à la viande comme un *conservateur* pour ralentir le processus de pourrissement.
- ◆ Il était jeté dans les déchets humains comme un *désinfectant* pour détruire les germes.

Le règne de Dieu

- Il était dilué et utilisé comme *antiseptique* pour aider à la guérison.
- Il était répandu sur le sol comme un *fertilisant* pour augmenter le rendement de la récolte.

Quand Jésus déclare que ses disciples devraient agir comme du sel dans le monde, il semble qu'il pensait à tous ces usages quotidiens du sel.

- Le monde est déplaisant, la présence des disciples dominés par Dieu le rend moins insupportable.
- Le monde est pourri et en train de pourrir, les disciples empêchent cette corruption d'atteindre des proportions trop terribles.
- Le monde est purement de l'ordure, les disciples combattent activement contre le mal.
- Le monde est malade, les disciples apportent la guérison.
- Le monde est le sol pour la semence de Dieu, les disciples préparent le sol à mieux recevoir la semence.

Si nous voulons exercer notre fonction de « sel » nous devons être profondément impliqués dans le monde. Le sel ne peut pas prévenir la viande du pourrissement à moins que quelques grains de sels ne soient frottés à cette viande. Le sel ne peut pas apporter la guérison s'il n'est pas mis en contact avec la plaie. Le sel ne peut pas agir comme désinfectant s'il n'est pas présent au milieu des aspects les plus déplaisants de la vie. Le sel ne peut pas fonctionner en tant que sel s'il reste dans un récipient, c'est ainsi qu'il perdra sa saveur et deviendra inutile, il doit être « dans le monde ».

Les disciples agissent en tant que sel de la terre de cinq manières complémentaires:

- *Notre présence.* En vivant sous la domination de Dieu, remplis des belles attitudes du royaume, notre simple présence améliore le monde autour de nous et rend le

« sol » plus réceptif à la parole de Dieu.

- ◆ *Notre protestation.* En déclarant les valeurs de Dieu, en nous levant contre l'injustice, en résistant au mal, en nous mettant du côté des opprimés, notre protestation dirigée par Dieu prévient la corruption et apporte la guérison et la purification.
- ◆ *Notre prédication.* En annonçant la bonne nouvelle et en proclamant le chemin de Dieu qui mène à la vie et à la justice, nos paroles font une différence dans le monde, car aucune prédication inspirée de Dieu n'est faite en vain.
- ◆ *Nos prières.* En intercédant pour le monde et en faveur du monde, nos prières suscitent la puissance de Dieu qui apporte le changement, l'amélioration, la guérison et la vie.
- ◆ *Notre service pratique.* En nourrissant les affamés, en donnant des vêtements à ceux qui sont nus, en visitant les prisonniers, en lavant les pieds des autres, en accueillant les étrangers, en consolant les coeurs brisés, nos actions dirigées par Dieu changent le monde à la manière dont agit le sel.

L'allusion de Jésus au sel devait aussi avoir une signification spirituelle pour ses disciples. Dans l'Ancien Testament en effet, le sel symbolisait l'alliance entre Dieu et son peuple, par exemple les textes de Nombres 18:19, 2 Chroniques 13:5 et Lévitique 2:13 montrent que l'alliance était représentée en ajoutant du sel aux offrandes présentées par les Juifs, spécialement lorsqu'il s'agissait d'offrandes de grains.

Cela suggère qu'en agissant comme sel dans le monde, nous manifestons notre alliance avec Dieu et notre dépendance de son sacrifice.

La lumière du monde
Matthieu 5:14–16 rapporte la seconde image utilisée par

Le règne de Dieu

Jésus pour décrire notre relation avec le monde en tant que représentants du royaume. Nous sommes la lumière du monde. Notre lumière ne doit pas être cachée. Elle doit au contraire luire devant les hommes et les femmes afin qu'ils glorifient notre Père qui est dans les cieux.

Ephésiens 4:18; 5:8–13 et Colossiens 1:12–13 soulignent que le monde est dans les ténèbres et suggèrent qu'il n'y a pas de « zone grise ». Nous sommes soit lumineux soit ténébreux. Les gens sont ténébreux parce qu'ils sont contrôlés par la puissance des ténèbres. Ils deviennent lumière quand ils sont transférés dans le royaume qui est dominé par « la lumière du monde ».

L'Evangile de Jean se sert beaucoup de l'image de la lumière. La vie de Jésus était la lumière des hommes, Jean 1:4. Il est la véritable lumière qui éclaire tout homme, Jean 1:9. Il est la lumière du monde, celui qui le suit ne marchera pas dans les ténèbres mais il aura la lumière de la vie, Jean 8:12.

Jésus a proclamé qu'il était la lumière du monde durant la fête des tabernacles, dans Jean 7:1 à 10:21. Tous les soirs pendant la fête au moment de la tombée de la nuit, quatre chandeliers d'or étaient allumés pour symboliser la colonne de feu par laquelle Dieu guidait son peuple dans le désert pendant la nuit. La proclamation de Jésus, dans ce contexte, est une proclamation directe de sa divinité et du fait qu'il nous conduit en permanence.

Jean rapporte deux incidents pour montrer la nature extraordinaire de la lumière de Jésus. Une femme adultère se tient dans la lumière devant Jésus et n'est pas condamnée, tandis que les Pharisiens repartent en se reconnaissant coupables, Jean 8:3–12. Et ensuite, dans un miracle introduit par la déclaration « Je suis la lumière du monde », un aveugle voit, dans Jean 9:1–7. Jésus parle aussi de lui-même comme d'une lumière qui guide les hommes dans Jean 11:10 et 12:35–36.

Cela suggère que la lumière de Dieu contient le sens de la direction, des miracles et de la compassion. Dans le reste de la

Le monde et le royaume

Bible, la lumière de Dieu est associée à:

- *La gloire de l'habitation de Dieu*, 1 Timothée 6:16
- *La nature de Dieu*, Jacques 1:17, 1 Jean 1:5
- *La faveur de Dieu*, Psaume 4:7
- *Les paroles de Dieu*, Psaume 119:105, Esaïe 51:4
- *La conduite de Dieu*, Psaume 112:4, Esaïe 58:10
- *Le salut*, 1 Pierre 2:9
- *La justice*, Romains 13:12, 2 Corinthiens 11:14–15, 1 Jean 2:9–10
- *Le témoignage rendu à Dieu*, Jean 5:14–16 et 5:35.

Notre fonction en tant que lumière du monde doit refléter quelque chose de toutes ces idées bibliques de la lumière. Cela signifie qu'en révélant la lumière de Dieu, nous montrons essentiellement au monde à quoi Dieu ressemble.

Il est important que nous comprenions le lien que Jésus établit entre la lumière et les oeuvres. Notre lumière doit briller de manière à ce que le monde voie nos « bonnes oeuvres » plutôt que de manière à ce qu'il entende nos « bonnes paroles ». Le reste du sermon sur la montagne est essentiellement une description et une illustration de ce qu'être sel et lumière signifie en pratique pour ceux qui vivent dans le royaume et qui sont personnellement dominés par Dieu.

Chapitre Cinq

La justice dans le royaume

En tant que disciples de Christ, nous savons que nous avons été appelés à vivre sous la domination personnelle de Dieu. Cette domination n'est pas arbitraire. Elle est toujours en adéquation avec la nature de Dieu.

Dans le sermon sur la montagne, nous avons vu comment Jésus expose d'abord les attitudes du royaume en décrivant ce qu'il attend du caractère de ceux qui le suivent. Nous savons que Jésus est plus concerné par nos attitudes que par nos actions mais que nos attitudes devraient conduire à des actions qui reflètent son caractère.

Nous avons aussi remarqué le conflit qui existe entre le monde et le royaume et nous avons vu comment Jésus utilise les images du « sel » et de la « lumière » pour décrire notre fonction dans le monde. Avant de continuer de décrire la domination de Dieu de manière plus détaillée, examinons Matthieu 5:17–48 qui oppose la domination ou le « règne » de Dieu aux « règles » de Dieu, en comparant les paroles de Jésus aux exigences de la loi mosaïque.

La justice et la loi
Matthieu 5:17–20 est le passage fondamental et indispensable à notre compréhension du rapport entre les disciples et la loi en tant que règles établies par Moïse dans l'Ancien Testament. Certains enseignants ont utilisé ces versets pour suggérer que les croyants modernes devraient respecter toutes les lois mosaïques ou une partie d'entre elles. Nous devons donc examiner les paroles de Jésus avec la plus grande attention.

- ◆ « Ne croyez pas que je sois venu pour… », verset 17. Cette phrase montre qu'il est facile de se méprendre

Le règne de Dieu

sur la mission de Jésus. Son amitié avec les pécheurs aurait pu suggérer qu'il était léger au niveau moral.

- ◆ « La loi ou les prophètes », verset 17, désigne l'ensemble de l'Ancien Testament.

- ◆ « Je suis venu non pour abolir mais pour accomplir », verset 17. Cette expression montre que Jésus est venu personnellement accomplir parfaitement tout l'Ancien Testament. Le verbe grec *pleroo*, « remplir » signifie compléter. Toutes les prophéties pointent sur lui et il les a toutes accomplies parfaitement. Toutes les exigences de la loi se rapportent à lui et il les a toutes accomplies parfaitement.

- ◆ « Jusqu'à ce que tout soit arrivé », verset 18. Cette phrase désigne sa vie et sa mort en tant qu'accomplissement de la loi et des prophètes, qui met un point final à la loi et aux prophètes. Une ère nouvelle commence maintenant, mais elle est fondée sur la loi et les prophètes.

- ◆ « Votre justice doit surpasser celle des scribes et des pharisiens », ici le verset 20 montre clairement que Jésus n'était pas venu pour abaisser les standards de la loi. Le suivre signifiait vivre selon les standards établis par la parole de Dieu.

En élargissant notre étude à tout l'Evangile de Matthieu et pas seulement aux versets en question, nous découvrons beaucoup de principes sur la justice et la loi. Nous devons bien saisir ces principes de base afin de comprendre le reste des enseignements de Jésus contenus dans le sermon sur la montagne.

- ◆ Jésus n'était pas préoccupé par l'observation des développements ou des extensions de la loi et mettait toujours l'accent sur la miséricorde avant les coutumes, Matthieu 9:9–13, 12:1–14 et 15:1–20.

La justice dans le royaume

- Jésus était concerné par l'observation de la loi et son accomplissement, Matthieu 4:1-11 ; 5:17 et 8:4.

- L'accomplissement de la loi par Jésus résulte dans un changement d'ère. La loi et les prophètes ne prophétisent que jusqu'à Jean selon Matthieu 11:11-13. Le principe qui gouverne la vie chrétienne n'est pas une domination par la loi. Même si la justice chrétienne ne va pas continuer à observer les détails de la loi de manière simpliste, les principes sous-jacents à la loi seront indirectement accomplis et dépassés par les disciples. La justice chrétienne est en effet supérieure à la loi, car le règne ou la domination de Jésus ont un caractère plus radical.

- Devenir disciple implique un changement de royaume. Les disciples sont centrés sur Jésus et non sur la loi. La loi n'est mentionnée dans aucune des exigences de Jean Baptiste et elle n'apparaît pas dans la description que fait Jésus de la vie du royaume, Matthieu 3:7-12 ; 5:3-16, 21-48. Le reste du sermon sur la montagne se concentre sur le fait de vivre sous le « regard de Dieu ». Le jugement est basé sur les paroles de Jésus. Le joug du disciple est Jésus. D'un bout à l'autre de l'Evangile, Jésus s'adresse directement à ses disciples et leur impose ses exigences personnelles sans référence à la loi.

- La justice chrétienne, ou la vie sous Jésus, sous le regard de Dieu qui voit tout, est plus simple que la loi car la domination de Dieu peut être ramenée à un principe simple, Matthieu 22:34-40.

- La justice chrétienne n'est pas légaliste car elle est centrée sur une personne. Il s'agit d'une relation vivante avec Jésus. Matthieu 28:18-20 montre que nous devons vivre de ses paroles, et non sur la base des exigences de la loi de l'Ancien Testament.

Le règne de Dieu

Matthieu 5:21-48 illustre l'énorme différence qui existe entre le fait de vivre sous le règne de Jésus et le fait de vivre sous le régime de la loi. Cette section du sermon sur la montagne se préoccupe de manière pratique de six domaines de la vie quotidienne des disciples et montre comment ils devraient vivre sous la domination de Dieu. L'enseignement de Jésus montre que si son règne personnel a remplacé la loi mosaïque, la justice à laquelle il appelle ses disciples peut toutefois être décrite.

La colère
Dans chacune de ces six sections, nous verrons comment Jésus s'y prend avec la loi et nous comparerons les exigences de la loi à la domination de Jésus. La première section, 5:21-26 se préoccupe du texte d'Exode 20:13 qui interdit le meurtre.

Premièrement, Jésus expose les règles de la loi avec « vous avez entendu qu'il a été dit », puis il oppose à la première proposition son « mais moi je vous dis », révélant ainsi sa domination. Jésus répète six fois cette séquence en établissant ainsi un contraste qui peut être compris de trois manières complémentaires:

- ◆ Les disciples ont entendu indirectement, maintenant Jésus leur parle de manière directe et personnelle.

- ◆ Moïse a posé le fondement de la loi, Jésus parle maintenant avec une autorité supérieure.

- ◆ Les scribes ont interprété la loi en lui ajoutant leurs propres traditions humaines, Jésus les ramène maintenant aux principes sous-jacents à la loi.

Selon la loi, à chaque mauvaise action devait correspondre une punition. « Vous avez entendu qu'il a été dit aux anciens: Tu ne tueras point; celui qui tuera est passible de jugement. » Le jugement ici se réfère aux procédures juridiques établies dans Nombres 35:12 et Deutéronome 17:8-13.

La justice dans le royaume

Mais selon Jésus, « quiconque se met en colère contre son frère est passible de jugement, celui qui dira à son frère: Raca! (« stupide ») mérite d'être puni par le sanhédrin et que celui qui lui dira: « insensé » mérite d'être puni par le feu de la géhenne ».

Jésus va ensuite plus loin et montre que la réconciliation pratique est plus importante que l'adoration. Les disciples ne sont pas seulement censés être d'accord de se réconcilier, ils doivent aussi prendre l'initiative dans le processus de la réconciliation. C'est une manifestation de la « belle attitude » de la douceur et du fait d'être un artisan de paix.

Romains 12:17–18, Ephésiens 4:25–32, Hébreux 12:14 et 1 Jean 3:15 sont des passages qui révèlent comment la première église avait retenu cet aspect de la domination de Jésus dans son enseignement pratique.

Nous pouvons voir que Jésus développe la loi dans quatre dimensions distinctes:

1. Il la rend plus radicale
Dans le royaume, les exigences sont beaucoup plus élevées pour les disciples que dans la loi. Au lieu de s'abstenir seulement de commettre le meurtre, nous devons aussi prendre nos distances par rapport à la haine et à la colère.

2. Il la rend plus intérieure
La domination du royaume est en relation avec nos paroles, notre mémoire et nos attitudes, aussi bien qu'avec l'action elle-même de tuer.

3. Il augmente la sévérité du châtiment
Le jugement de la loi est rendu dans une cour de justice locale d'importance secondaire alors que le jugement de Jésus se réfère au Sanhédrin, qui se réunissait à Jérusalem et ensuite au feu de la géhenne. Cela montre qu'il s'agit de questions sérieuses qui ont une portée éternelle.

4. Il change le point de référence

La domination du royaume est basée entièrement sur Jésus lui-même. Les nouvelles exigences radicales sont entièrement basées sur lui et sont le fruit de son autorité. Il ne fait référence à aucune autorité en dehors de la sienne. Tout se résume à « moi je vous dis ».

En reconnaissant à quel point le royaume est différent de la loi, nous ne devons pas oublier les paroles de Jésus selon lesquelles il n'est pas venu pour détruire la loi. Il ne permet à personne de tuer quiconque! Au contraire, les standards de son royaume sont supérieurs à l'ancien standard moral de la loi.

La pureté sexuelle

La seconde section, Matthieu 5:27–30, se préoccupe d'un autre commandement, toujours contenu dans les dix commandements, dans Exode 20:14. Jésus expose de nouveau les règles avec « vous avez entendu » puis leur oppose immédiatement son « mais moi je vous dis », révélant ainsi sa domination.

Il commence par énoncer l'interdiction de la loi: « Tu ne commettras point d'adultère », puis il pose le standard du royaume: « quiconque regarde une femme pour la convoiter a déjà commis adultère avec elle dans son coeur. » Jésus va ensuite plus loin et montre que nous devons prendre des mesures radicales et concrètes pour éviter le péché sexuel dans notre vie de pensée aussi bien que dans nos actions. Comme toujours, Jésus se préoccupe plus de nos pensées et de nos attitudes que de nos actions. La loi dit: « ne fais pas. » Le royaume dit: « aie les pensées et les attitudes de Jésus en toi, et ainsi tu ne feras pas. »

1 Corinthiens 6:13–20, 2 Corinthiens 6:14 à 7:1 et 2 Timothée 2:22 sont des passages qui nous montrent comment la première église avait développé ce principe de la pureté sexuelle. Nous pouvons voir que Jésus développe la loi dans les mêmes dimensions que la section précédente sur le meurtre:

La justice dans le royaume

1. Il la rend plus radicale
Maintenant les disciples doivent répondre à des exigences plus élevées. Au lieu de simplement s'abstenir de l'adultère, ils doivent aussi s'éloigner des pensées de convoitise.

2. Il la fait intérieure
La domination du royaume est en relation avec nos pensées et nos attitudes envers les gens, ainsi qu'avec l'acte lui-même d'adultère.

3. Il augmente la sévérité du châtiment
Le jugement se réfère à l'enfer (la géhenne) et montre de nouveau ici que les questions soulevées ont une portée éternelle: un royaume éternel, une récompense éternelle et une punition ou perdition éternelle.

4. Il change le point de référence
La domination du royaume est de nouveau basée entièrement sur Jésus lui-même. La seule base de cette nouvelle exigence radicale est sa propre autorité. Ici encore il ne fait aucune référence à une quelconque autorité en dehors de lui-même. Il ne justifie pas le principe qu'il expose en citant une tierce personne. Il s'agit entièrement de ses paroles adressées personnellement à ses disciples.

Une fois de plus nous devons souligner que Jésus ne nie ni ne détruit la loi. Il ne nous donne pas une licence pour l'adultère! Le standard du royaume est bien plus élevé que l'ancien standard moral de la loi, il surpasse maintenant de loin la norme des scribes et des pharisiens.

Le mariage
La troisième section dans Matthieu 5:31-32 fait contraster la permission de divorcer donnée par la loi dans Deutéronome 24:1 avec l'approche du mariage donnée par Jésus.

Toutefois, il met ici encore les exigences de la loi avec

Le règne de Dieu

le « vous avez entendu » en opposition avec son « mais moi je vous dis ».

Il explique la position légale puis la modifie en enlevant la permission qu'elle donne. Plutôt que de permettre le divorce pour une quelconque raison ou pour n'importe quelle raison, Jésus met l'accent sur la permanence du mariage. Dans le royaume, le péché sexuel est la seule base sur laquelle Jésus permet un divorce légitime.

Dans cette section, l'attitude de Jésus par rapport à la loi n'est pas identique à celle qu'il a eue dans les deux sections précédentes de son enseignement. Ici, en effet, il change les exigences de la loi. C'est comme si Jésus considérait que les règles de l'Ancien Testament ne peuvent plus s'appliquer à un disciple qui vit sous la domination personnelle de Jésus.

Toutefois Jésus ne détruit pas la loi en rendant le péché plus facile ou en établissant un standard moins élevé. Encore une fois, et sur la seule base de son autorité, il établit un standard nouveau et plus élevé. Jésus explique et développe ce thème du mariage dans Matthieu 19:1–10.

La véracité

La quatrième section dans Matthieu 5:33–37 montre que Jésus modifie expressément un autre domaine de la loi, les règles à propos des voeux telles qu'on les trouve dans Lévitique 19:12, Nombres 30:2–16 et Deutéronome 23:22–24.

Une fois de plus, Jésus expose quelles sont les exigences de la loi avec le « vous avez entendu » et leur oppose ensuite son « mais moi je vous dis ».

Jésus énonce la position légale « tu ne parjureras point, mais tu t'acquitteras envers le Seigneur de ce que tu as déclaré par serment » et la modifie ensuite en instruisant ses disciples à ne faire aucun serment en aucune circonstance. La loi exige des serments. Jésus n'interdit pas les faux serments et il ne limite pas les circonstances dans lesquelles on peut faire un serment à quelques occasions solennelles. Au lieu de cela il exige de ses disciples qu'ils parlent simplement et de manière directe

La justice dans le royaume

en tout temps. Selon Jésus, « tout ce qu'on y ajoute vient du malin. »

Nous voyons ici une fois de plus que la domination de Jésus est plus radicale que la loi, elle est plus large dans son application, elle est basée sur son autorité personnelle et tout ce qui est contraire à sa manière de vivre vient de l'ennemi. Il est important de prendre conscience de ce que Jésus enseigne ici. Des disciples honnêtes n'ont pas besoin de faire de serments. Toutefois, il ne leur interdit pas de faire des serments s'il leur est expressément demandé d'en faire. Jésus lui-même n'a pas refusé de parler après avoir été mis sous serment dans Matthieu 26:63-64.

Jacques 5:2 montre que la première église a continué à enseigner aux disciples à vivre selon l'enseignement de Jésus plutôt qu'en fonction des exigences de la loi juive. Nous ne devrions pas limiter l'enseignement de Jésus à la question bien précise des serments ou des voeux. En déclarant que les disciples devaient parler d'une manière simple et directe, Jésus dénonce aussi le problème de l'exagération, la surenchère ou les affirmations qui ne livrent pas toute la vérité.

Les droits

Dans la cinquième section de son enseignement, Matthieu 5:38-42, Jésus modifie un aspect supplémentaire de la loi. Il s'agit, cette fois, des règles sur les droits individuels telles qu'elles sont énoncées dans Exode 21:24, Deutéronome 19:15-21 et Lévitique 24:20.

Comme dans toutes ces six parties du Sermon sur la montagne, Jésus expose ce que sont les exigences de la loi avec le « vous avez entendu » et leur oppose son « mais moi je vous dis ».

Premièrement, Jésus donne un sommaire de la loi: « oeil pour oeil, dent pour dent. » Il explique ensuite que la manière de faire du royaume ne consiste pas à faire des représailles ou à chercher à se venger de ceux qui nous ont fait tort. Les disciples ne devraient pas chercher à conserver leurs droits de

Le règne de Dieu

manière égocentrique mais devraient plutôt faire preuve de générosité dans leur manière de traiter les autres.

Les paroles bien connues des versets 39 à 42 font partie des déclarations les plus radicales de tout l'enseignement de Jésus. On peut difficilement imaginer des principes plus opposés à la manière de penser du monde moderne ou de la loi juive. Romains 12:17-21 illustre comment ces paroles de Jésus ont été enseignées dans la première église. Plutôt que la loi, c'est elles qui étaient devenues la norme.

L'amour
Le dernier tableau où Jésus fait contraster sa manière d'être juste avec la loi, dans Matthieu 5:43-47, concerne l'amour. Il s'agit de son dernier « vous avez entendu qu'il a été dit, mais moi je vous dis ».

Jésus fait référence à Lévitique 19:18 mais la seconde partie de sa citation ne provient pas de la loi de Moïse. La loi recommande peut être un amour sélectif mais elle ne légalise pas la haine. Il semble donc raisonnable d'en déduire qu'ici Jésus se réfère à une tradition des scribes du premier siècle qui avait été ajoutée à la loi de l'Ancien Testament.

Toutefois Jésus établit de nouveau un standard plus élevé que la loi de Moïse en pressant ses disciples d'aimer de manière universelle, en aimant même leurs ennemis. Cette exigence allait beaucoup plus loin que celles de la loi.

Dans ces versets et dans Luc 6:27-36 et 10:25-37, Jésus montre que nous sommes appelés à aimer nos ennemis, à bénir ceux qui nous persécutent afin que nous soyons fils de notre Père. Nous n'agissons pas ainsi pour devenir fils de Dieu, nous agissons ainsi parce que nous partageons les attitudes de Dieu. Or, c'est ainsi que Dieu agit envers ses ennemis, envers ceux qui le haïssent et le persécutent.

Finalement, dans Matthieu 5:48, Jésus établit le standard qu'il s'attend à voir respecté dans son royaume. Nous devons être parfaits comme notre Père est parfait. Nous devons être

La justice dans le royaume

caractérisés par la justice royale, la juste manière d'être qui est appropriée aux fils et aux filles du roi.

Dans cette section du sermon sur la montagne, Matthieu 5:21–48, nous avons vu la manière dont Jésus proclame implicitement avoir le droit personnel de modifier la loi et l'autorité pour le faire. Par exemple:

- ◆ À certains endroits il intensifie le caractère exigeant de la loi
- ◆ À d'autres endroits il modifie la loi
- ◆ Il montre son autorité sur la loi
- ◆ Il ajoute une dimension intérieure à la loi

Selon Jésus, cette sorte d'amour parfait et universel est la clef de voûte de toutes les exigences de son royaume et correspond pleinement à l'observation de l'essence de la loi. Nous pouvons voir cela très clairement dans Luc 10:27–28, Matthieu 7:12 et 22:34–40. A partir de là, tous les enseignements de Jésus dans le sermon sur la montagne illustreront l'amour parfait et universel qui caractérise ceux qui sont dominés par lui et remplis de ses attitudes.

Chapitre Six

La vie spirituelle dans le royaume

En étudiant le sermon sur la montagne, nous avons d'abord vu la description faite par Jésus des « attitudes » qu'il attend de ses disciples lorsqu'ils sont dominés par lui, dans Matthieu 5:3-12. Ensuite, nous avons noté la manière dont le monde réagit face au royaume et la réponse que Jésus attend de ses disciples par rapport au monde, dans Matthieu 5:13-16. Nous avons aussi étudié la relation entre le royaume et la loi mosaïque dans Matthieu 5:17-48. Nous avons vu enfin que ces trois sections étaient conclues par le standard établi par Jésus pour ses disciples: « Soyez donc parfaits, comme votre Père céleste est parfait. »

Dans la section suivante de son enseignement, Jésus dépeint la vie de ses disciples dans le monde « sous le regard de Dieu », en totale soumission à Dieu et en dépendant de lui entièrement. Dans le chapitre 5 de Matthieu, Jésus fait ressortir le caractère du disciple en décrivant quelle devrait être sa conduite dans la société et nous montre les standards selon lesquels il nous demande de vivre.

Maintenant, dans Matthieu 6, Jésus nous décrit les disciples qui vivent cette vie du royaume dans le monde. Il met constamment l'accent sur le fait que nous vivons dans le monde dans la présence du Dieu qui voit tout. Le thème dominant de ce chapitre est la relation des disciples avec leur Père alors qu'ils vivent sous la domination de Dieu et dans ce monde. Le chapitre six considère deux domaines de nos vies. Aux versets 1 à 18 il se préoccupe de notre vie spirituelle. Dans les versets 19-34 il se concentre sur notre vie de « tous les jours ». Le royaume ne s'intéresse pas uniquement à un ou deux domaines de notre vie, Dieu veut dominer chaque aspect de notre vécu.

Le règne de Dieu

Les principes de spiritualité du royaume

Vivre dans le royaume signifie que nos vies sont constamment exposées comme un livre ouvert devant le roi. En vivant dans la présence de Dieu, nous ne pouvons garder aucun secret devant lui et devrions être vrais dans notre relation avec lui. Le Sermon sur la Montagne enseigne que tout ce que nous faisons ou pensons – toutes les motivations de notre coeur sont exposées à l'Esprit de Dieu en qui nous vivons. Nous verrons plus tard comment cela nous donne l'espérance d'une vie vraiment renouvelée grâce à l'aide de Dieu et la capacité qu'il nous donne.

Matthieu 6:1 introduit l'enseignement de Jésus sur notre vie spirituelle et pose les bases des principes généraux qui gouvernent le côté spirituel du royaume: « Gardez-vous de pratiquer votre justice devant les hommes, pour en être vus, autrement vous n'aurez point de récompense auprès de votre Père qui est dans les cieux. »

Un équilibre selon Dieu

A première vue, ce verset semble contredire l'introduction de Jésus. Dans Matthieu 5:16 il demande en effet que notre lumière, nos bonnes oeuvres luisent devant les hommes. Pourtant ici dans Matthieu 6, Jésus dit que nos actes de justice ne devraient pas être faits devant les hommes. Mais si tout doit être fait en secret, à huis clos, comment les gens verront-ils la lumière?

La première parole de Jésus déclare que nous devons briller devant les hommes « afin qu'ils glorifient votre Père qui est dans les cieux ». La seconde parole que nous considérons maintenant insiste sur le fait que nous ne devons pas pratiquer notre justice devant les hommes « pour en être vus ». Il n'y a pas de contradiction. Simplement l'expression d'une différence dans la motivation. Les disciples sont appelés à vivre de telle manière que lorsque les gens les regardent, ils voient Dieu et le glorifient. Nous ne devons pas chercher à nous faire remarquer, nous devrions plutôt être caractérisés par l'humilité et le caractère effacé du Saint-Esprit.

Nous faisons tous face à deux tentations opposées : soit celle de l'ostentation soit celle de l'isolement. Certains chrétiens se vantent beaucoup trop de tout ce qu'ils font, alors que d'autres ont tellement peur de leur ego qu'ils vivent en reclus par rapport au monde. Nous avons besoin de trouver un équilibre selon Dieu entre ces deux extrêmes.

Si notre approche de l'enseignement du Christ consiste à le voir ici comme « encore plus de règles » de la part de Dieu, nous allons nécessairement avoir tout faux. Mais si nous saisissons le principe que Jésus établit et si nous nous laissons diriger par sa domination personnelle, nous éviterons l'écueil de l'hypocrisie. Dans un équilibre divin et d'une manière merveilleuse, nous sommes appelés à attirer l'attention sur nous afin que ceux qui nous regardent glorifient Dieu. Toutefois nous ne devrions pas attirer l'attention sur nous de manière à en retirer une gloire personnelle.

Plaire à Dieu
Plaire à Dieu ou plaire aux hommes, est à première vue le choix devant lequel le verset 1 semble nous placer. Mais la plupart d'entre nous essayons vraiment de plaire aux autres que parce que nous voulons nous plaire à nous-mêmes. Nous voulons leur plaire et les impressionner afin qu'ils aient de nous une opinion plus élevée.

Cela pourrait signifier qu'une action qui apparaît comme pieuse est en fait caractérisée par le péché à cause de sa motivation égocentrique. Par nature, l'être humain recherche la louange et la récompense des hommes plus que celles de Dieu. Toutefois Jésus dit que la manière de faire des disciples devrait poursuivre le seul but de plaire à Dieu.

Dieu voit tout
Notre objectif principal dans la vie devrait être de plaire à Dieu, plaire à lui seulement et lui plaire en toutes choses. Si nous

Le règne de Dieu

poursuivons ce but, nous commencerons vraiment à vivre sous le règne de Dieu.

Nous suivons Jésus qui a vécu exactement de cette manière. Il a vécu entièrement pour Dieu. Ses paroles et ses oeuvres étaient celles de son Père. Il n'a jamais mis ses propres besoins en avant ni sa volonté en premier. Marc 7:24, 31–37 et 8:22–26 sont des passages qui montrent que le désir de Jésus était de travailler discrètement. Il ne s'inquiétait pas de ce que les gens pensaient de lui car il ne vivait que pour la gloire de Dieu. Notre priorité absolue devrait être de vivre et travailler pour Dieu, pour lui seulement et sous sa domination. Nous ne devrions pas être trop concernés par ce que les gens pensent de nous. Et c'est dans ces conditions que nous trouverons plus facile de vivre selon le principe établi par Jésus dans Matthieu 6:1.

Nous pouvons en déduire que les disciples qui sont sous « la domination de Dieu » sont aussi sous « son regard ». Il voit toutes nos pensées et nos actions. Il n'y a rien que nous puissions penser ou faire sans qu'il le sache. Il n'y a aucun endroit où nous pourrions fuir son regard. Nous sommes toujours dans sa présence. Il est toujours « Dieu avec nous ». Nos vies seront révolutionnées si nous saisissons cette vérité merveilleuse et à la fois assez effrayante.

Il y a tellement de prétention et de comédie dans notre art de nous présenter aux autres, et pourtant Dieu observe et enregistre toutes ces attitudes. Tout ce qui va suivre dans cette section du sermon sur la montagne est basé sur ce principe. A maintes reprises Jésus nous rappelle dans ce texte que notre Dieu est le « Père qui voit dans le secret ».

La sainte récompense

Si nous faisons la bonne chose pour la bonne raison, nous serons récompensés par Dieu. Il s'agit ici d'un principe de base du royaume que nous avons déjà souvent relevé. Lorsque nous plaisons à Dieu il promet de nous récompenser. Lorsque nous lui déplaisons, il promet de nous juger d'une manière ou d'une autre.

La vie spirituelle dans le royaume

Hébreux 12:2 montre que Jésus a enduré la croix et méprisé la honte à cause de la joie qui lui était réservée. Et Hébreux 11:23-26 montre que Moïse a été motivé en partie par la récompense qui lui était réservée.

Le Nouveau Testament a un enseignement si riche sur les différentes récompenses que Dieu distribuera à ses disciples que nous ne devrions pas nous sentir gênés de fixer nos yeux sur ces récompenses et travailler pour elles. 2 Corinthiens 5:9-10 est un passage clef sur ce thème.

Nous devons prendre conscience que Jésus a insisté sur une chose: Dieu ne récompensera pas ceux qui ont recherché leur récompense auprès des hommes. Cette affirmation est absolue et ne peut être nuancée. Si nous sommes concernés par ce que les gens pensent de notre adoration, nous n'obtiendrons rien de la part de Dieu. Si nous espérons des hommes un signe d'approbation pour notre service rendu ou l'accomplissement de notre devoir, nous ne recevrons rien de la part de Dieu. Si nous recherchons une remarque, une récompense, un remerciement ou un éloge de la part des gens, c'est tout ce que nous obtiendrons.

Après avoir posé ce principe général du royaume dans Matthieu 6:1, Jésus illustre ce point dans trois domaines de notre vie spirituelle. Donner, prier et jeûner. Dans chacun de ces aspects de notre spiritualité, il fait ressortir la bonne manière et la mauvaise manière de rendre notre culte à Dieu.

- ◆ Nous ne devons pas rendre notre culte comme des hypocrites, en cherchant à attirer l'attention sur nous.

- ◆ Nous n'aurons pas de récompense si nous rendons notre culte comme des hypocrites.

- ◆ Nous devons rendre notre culte discrètement, sans faire de spectacle.

- ◆ Nous devons rendre notre culte en nous rappelant que Dieu nous regarde.

Le règne de Dieu

◆ Nous serons récompensés par Dieu si nous rendons notre culte de cette manière.

Donner à la manière de Dieu
Donner est le premier exemple de Jésus concernant la spiritualité du royaume. Dans Matthieu 6:2-4, il montre à ses disciples comment être vrai quand on donne. Jésus utilise le mot grec *eleemosune* qui signifie « un acte de miséricorde ». Jésus ne parle pas de donner de l'argent, il parle plutôt d'aider les gens de toutes sortes de manières possibles. Cette aide peut impliquer de l'argent, du temps, de l'attention, toute oeuvre caractérisée par la bonté.

Ne l'annonce pas aux autres
La mauvaise manière de donner est d'en faire la publicité autour de nous. Jésus fait le tableau ridicule de gens qui engagent un trompettiste pour les précéder et annoncer publiquement: « regardez ce que cette personne a fait ».

Bien évidemment, rares sont les gens qui agissent de manière aussi criante. La plupart d'entre nous faisons preuve de beaucoup plus de subtilité quand il s'agit de faire savoir aux autres ce que nous avons fait. Mais notre manière de « partager un sujet de prière ou de reconnaissance » pourrait correspondre à notre version moderne de la sonnerie de trompette du premier siècle! La domination du règne de Jésus revient à ce « ne l'annonce pas aux autres ». Si nous faisons ce tapage, ce sera toute la récompense que nous obtiendrons.

Ne te l'annonce pas à toi-même
La manière juste de donner selon Jésus implique une deuxième négation: « que ta main gauche ne sache pas ce que fait ta droite, afin que ton aumône se fasse en secret ». Cela montre que nous ne devons même pas nous faire à nous-mêmes l'annonce de notre bonne action. Cela signifie ne pas prendre note de nos actions, en les inscrivant dans notre mémoire, ou

La vie spirituelle dans le royaume

en tenant une sorte de compte interne de ce que nous avons fait pour les autres et pour Dieu.

Nous devons simplement agir au moment où Dieu nous pousse et nous conduit à le faire, puis oublier ce que nous avons fait. Nous devons avoir un tel amour pour Dieu et pour les autres que nous n'avons pas le temps de penser à nous- mêmes. C'est là une manière pratique d'exprimer notre pauvreté en esprit, notre douceur et notre mort à nous-mêmes. Mais la vérité merveilleuse, c'est que le Père qui voit dans le secret prend note, se rappelle et récompense.

Prier à la manière de Dieu

Le second exemple de spiritualité du royaume donné par Jésus est la prière. Dans Matthieu 6:5-15, il montre aux disciples comment être vrai quand on prie. Jésus utilise le mot le plus commun de la langue grecque pour désigner la prière, *proseuchomai* pour montrer qu'il parle de la prière au sens le plus large possible du terme.

En priant, ne cherchez pas à vous rendre intéressants

Jésus montre ici encore la bonne et la mauvaise manière de rendre son culte à Dieu. La mauvaise manière de prier attire l'attention sur celui qui prie plutôt que sur Celui à qui la prière est adressée.

Jésus fait le tableau de gens qui prient de manière à se faire passer pour des gens de prière. Comme quand il s'agit de donner, certaines personnes s'offrent en spectacle de manière très visible quand ils prient mais la plupart d'entre nous sommes beaucoup plus subtils dans notre manière d'attirer l'attention sur nous. Combien de disciples disent et font les choses de manière à s'assurer que les autres soient impressionnés par leur manière de prier.

Jésus ne dit pas que cette attitude annule notre prière. Il ne dit pas que Dieu n'entendra pas ou ne répondra pas à ces prières. Il explique simplement que l'adulation des hommes ou leur approbation sera notre seule récompense.

Le règne de Dieu

Nous manquerons une récompense qui nous attendait dans le ciel.

N'ayez pas une formule de prière toute faite
Jésus nous instruit aussi à ne pas utiliser de «vaines redites» quand nous prions. Cela ne se réfère pas seulement à ceux qui répètent toujours la même prière encore et encore. Mais nous sommes nombreux à avoir un canevas de prière que nous suivons de manière rigide et cela peut signifier que nous oublions ce que nous faisons quand nous prions et pourquoi nous le faisons.

La prière est une communion avec Dieu. C'est une conversation avec le Père. Si nous faisons trop attention à notre formulation, à notre vocabulaire, nous pouvons perdre la spontanéité de la relation intime qui caractérise toute vraie prière. C'est bien sûr un danger qui se trouve dans toute liturgie de prière définie. Mais le danger existe aussi pour des prières improvisées ou non préparées, car même dans ce cas, il est facile d'être engoncé dans nos habitudes et de passer à côté de la direction de l'Esprit.

Dieu ne veut pas que nous mesurions notre prière par la quantité de temps passé dans la prière ou par la forme de langage que nous utilisons dans la prière. Si nous attachons de la valeur à une sorte de prière, ou à une forme de langage, une manière de prier ou une longueur de prière, nous perdrons notre récompense céleste. Mais si nous prions à la manière discrète de Dieu, non seulement nos prières seront exaucées, mais encore nous serons ouvertement récompensés par le Père.

Se concentrer sur le fait que nous nous approchons de Dieu Jésus nous montre que la bonne manière de rendre un culte à Dieu dans la prière commence par une prise de conscience que lorsque nous prions, nous nous approchons de Dieu. Lorsque cette pensée nous occupe entièrement, tout devient simple.

Au verset 6, Jésus montre que nous nous concentrons sur Dieu en excluant tout le reste. Cela ne signifie pas que

La vie spirituelle dans le royaume

nous devons littéralement nous enfermer dans une chambre ou un bureau pour prier. Ce texte illustre le fait que dans le monde de nos pensées nous devons nous couper des autres et nous couper de nous-mêmes afin que nous puissions nous concentrer entièrement sur notre communion avec Dieu.

Lorsque nous nous concentrons sur Dieu, nous savons que nous pouvons nous approcher de lui avec confiance en revendiquant toutes les promesses bibliques sur la prière. Le livre « *La Prière efficace* » de *l'Epée de l'Esprit* donne l'arrière-plan biblique complet de la manière de s'approcher de Dieu dans la prière et les différents types de prières que Dieu met à notre disposition.

Suivre le modèle de Jésus

Aux versets 9–13, Jésus donne un canevas à suivre pour toute notre vie de prière plutôt qu'une prière type à répéter sans cesse. Puisqu'il nous a demandé de ne pas nous répéter à l'infini, il est plutôt étrange que certains croyants fassent exactement cela avec le Notre Père!

Jésus ne veut pas que nous priions à la manière hypocrite qu'il décrit aux versets 5–7. Il ne veut pas que nous priions juste pour impressionner la galerie. Il ne veut pas que nous priions publiquement des prières à rallonge. Il explique aussi que Dieu connaît déjà tous nos besoins et que pour cette raison, il n'a pas besoin d'être informé de nos circonstances.

Au contraire, Jésus nous enseigne le « comment » de la prière. Le Notre Père est son exemple de prière. Il dit « voici comment vous devez prier » et il nous offre un « canevas » de prière à développer. A mesure que nous prierons, nous remplirons cette prière avec les détails spécifiques relatifs à notre situation.

- ◆ **Notre Père**

    Cette prière est à la fois personnelle et collective. C'est une prière personnelle qui peut être priée en privé, mais elle utilise le « nous » et le « notre » d'un bout à

Le règne de Dieu

l'autre. Cette forme suggère que nous devrions nous unir avec les autres chaque fois que nous prions.

Cette phrase nous enseigne que lorsque nous prions, nous devrions nous rappeler de la relation que nous avons avec Dieu par notre foi en Christ et de la communion que nous avons les uns avec les autres. Dans notre prière, nous devrions dire à Dieu ce que sa paternité signifie pour nous et l'en remercier.

◆ **Qui es aux cieux**

Les cieux sont l'habitation de Dieu. Nos prières devraient être gouvernées par la conscience du fait que Dieu est le roi et qu'il a le contrôle de toute la situation. Nous pouvons lui demander de nous aider à prendre plus conscience de sa grandeur et de sa présence.

◆ **Que ton nom soit sanctifié**

Cette phrase nous rappelle de prier comme Jésus le fait dans Jean 17, de demander que la gloire de Dieu et la sainteté de son nom soient reconnues et expérimentées de manière spécifique. Dieu est un bon Père qui fait ses délices de nous donner de bonnes choses et il révèle différents aspects de sa nature par ses noms variés.

Lorsque nous prions, cela peut nous aider de nous adresser à Dieu en utilisant parmi ses noms ceux qui sont les plus appropriés à notre prière. Par exemple, nous pouvons nous adresser à Dieu en le nommant « Celui qui guérit », « Celui qui pourvoit », « Libérateur », « Guide », « Créateur », « Sauveur », « Berger » et c…

◆ **Que ton règne vienne**

Cette expression nous aide à nous rappeler de prier pour que Dieu établisse sa domination et élargisse son influence. Cette prière est exaucée dans la mesure où les hommes fléchissent les genoux devant Jésus et où nous nous soumettons de plus en plus au règne

La vie spirituelle dans le royaume

du Christ. Le fait de demander au royaume de Dieu de venir revient à lui demander de régner, à faire les choses comme il le veut, dans les situations et les vies que nous lui présentons dans la prière.

◆ **Que ta volonté soit faite sur la terre comme au ciel**

La venue du royaume de Dieu signifie que les conditions posées par Dieu dans le ciel sont révélées sur la terre. Bien sûr cela n'aura pas lieu pleinement tant que le royaume ne sera pas venu dans sa manifestation finale. Mais entre temps, nous devrions prier pour que la volonté révélée de Dieu soit faite dans les situations spécifiques qui nous concernent sur la terre.

◆ **Donne-nous aujourd'hui notre pain quotidien**

Cela montre que nous devrions prier pour les besoins physiques de la vie quotidienne. L'intention de Dieu est que tous ses enfants reçoivent ce dont ils ont besoin, mais nous devons entreprendre tout ce qui est nécessaire pour pourvoir à nos propres besoins.

Nous devrions prier essentiellement pour les besoins auxquels nous ne pouvons pas nous-mêmes pourvoir. Nous expérimentons la vraie provision de Dieu seulement dans la mesure où nous associons l'action à la prière.

◆ **Et pardonne-nous nos offenses (ou remets-nous nos dettes)**

Nous devons prier pour le pardon spirituel de notre Père céleste et pour le pardon financier de créanciers humains sans merci ou injustes. Le pardon judiciaire que nous avons en tant que croyants rachetés est déjà nôtre, mais nous avons besoin d'une purification quotidienne pour maintenir notre communion personnelle avec Dieu.

Comme pour le pain quotidien, le pardon de nos dettes

117

est atteint grâce à une combinaison entre l'action et la prière. Nous devrions prier soit pour les besoins auxquels nous ne pouvons pas pourvoir nous-mêmes, ou pour que Dieu nous rende personnellement capables de répondre à ces besoins par les ressources qu'il nous a données.

◆ **Comme nous pardonnons à ceux qui nous ont offensés**

Jésus nous montre clairement que notre Père céleste nous retiendra son pardon parental si nous retenons le pardon que nous devons aux autres.

◆ **Et ne nous induis pas en tentation**

Cette phrase montre que nous devrions demander à Dieu de nous garder de tomber dans le péché et de nous aider à surmonter les épreuves de nos vies.

◆ **Mais délivre-nous du malin**

Lorsque la plupart des gens récitent le Notre Père, ils utilisent sans le vouloir une ancienne traduction qui se réfère au « mal » plutôt qu'au « malin » et cela ne nous aide pas à comprendre ce que Jésus vise par cette demande.

Nous sommes impliqués dans un combat spirituel et nous avons tous besoin de prier pour que Dieu nous sauve des attaques de l'ennemi.

◆ **Car c'est à toi qu'appartiennent, dans tous les siècles, le règne, la puissance et la gloire. Amen!**

La prière modèle de Jésus se termine par une phrase chargée de louange et de triomphe tirée de 1 Chroniques 29:11–12. Nous pouvons finir notre prière par remercier Dieu pour sa puissance, et pour sa victoire dans les situations spécifiques pour lesquelles nous venons de prier.

La vie spirituelle dans le royaume

Jeûner à la manière de Dieu
Le troisième exemple de spiritualité du royaume est celui du jeûne. Dans Matthieu 6:16–18, Jésus montre à ses disciples comment être vrai quand on jeûne. Dans son premier exemple il examinait la manière dont on fait du bien aux autres. Dans son second exemple, il se concentrait sur notre communion avec Dieu. Ici ces versets étudient la manière dont nous nous disciplinons dans notre vie spirituelle. Bien que les paroles de Jésus désignent spécialement le jeûne, c'est-à-dire le fait de ne pas manger durant un temps déterminé pour intensifier notre vie de prière, elles concernent aussi de manière plus générale la manière dont nous nous traitons nous-mêmes.

Dans la loi de l'Ancien Testament, il n'y avait qu'un seul jour de jeûne obligatoire, une fois par année, le Jour du grand pardon. Nous lisons cela dans Lévitique 16:29–34 et 23:27–32. Zacharie 8:19 montre qu'après le retour des Juifs d'exil, quatre autres jeûnes obligatoires avaient été également instaurés.

Nous savons que Jésus a accompli tout l'Ancien Testament, la loi et les prophètes. Cela signifie qu'il n'y a maintenant plus de raisons légales de jeûner. Mais cela ne signifie pas que nous ne devrions pas jeûner. Cela montre plutôt que nous ne devons pas jeûner pour être justes ou en tant que devoir légaliste. Jésus ne condamne pas le jeûne dans ces versets, il condamne simplement le jeûne qui est fait avec des motifs qui ne sont pas justes.

Ne jeûnez pas pour vous mortifier
Le jeûne n'a pas de valeur en tant que moyen de régler le problème des pulsions du péché dans nos vies. Le jeûne ne nous rend pas saints. Le problème de la chair n'est réglé que par la puissance de l'Esprit quand nous mettons à mort ces oeuvres de la chair associées à notre ancienne manière de vivre non chrétienne. En fait, cette motivation pour le jeûne revient à céder au désir de se donner en spectacle. Il s'agit d'une forme extérieure de soi-disant spiritualité que Jésus condamne.

Le règne de Dieu

Ne jeûnez pas pour un mérite personnel
C'est insensé de penser que par le jeûne ou par tout autre moyen nous pouvons mériter la faveur de Dieu, recevoir sa grâce ou le forcer à nous bénir ou à répondre à nos prières. La grâce de Dieu est donnée gratuitement. Il ne répond à nos prières que par Jésus-Christ et à cause de son oeuvre complète à la croix.

Ne jeûnez pas pour vous affirmer
Les pharisiens avaient une approche ostentatoire du jeûne. C'était d'ailleurs le cas de toutes leurs pratiques spirituelles. Ils mettaient beaucoup d'énergie à attirer l'attention sur le jeûne qu'ils observaient deux fois par semaine. Tout cela n'était que de la poudre aux yeux spirituelle. Jésus a condamné cette attitude et expliqué que seul le jeûne venant d'une bonne motivation serait récompensé. Si nous essayons d'attirer l'attention des autres sur notre jeûne d'une manière ou d'une autre, nous perdrons notre récompense céleste.

Jeûner pour exprimer de la tristesse à cause du péché
2 Samuel 1:11-12 montre comment le jeûne exprime la douleur et le deuil. Le jeûne peut traduire une réaction humaine mais il peut aussi dépasser la sphère naturelle en devenant une manière de s'approcher de Dieu pour exprimer notre profonde préoccupation et notre tristesse au sujet d'un certain nombre de choses, comme nous le voyons dans Néhémie 1:4. Il est légitime de jeûner dans ce but et par ce type de jeûne nous pouvons expérimenter la bénédiction de Matthieu 5:4.

Nous pouvons réagir de la même manière concernant toute situation au caractère grave, touchant la nation, l'état de l'église ou des circonstances personnelles auxquelles nous sommes confrontés. Dans la Bible, cette sorte de jeûne est souvent liée au fait de mener le deuil sur le péché et de s'humilier devant Dieu et sa miséricorde. Le jeûne n'est pas « faire pénitence » pour le péché, mais il provient néanmoins de la réalisation personnelle de la gravité du péché.

La vie spirituelle dans le royaume

Jeûner pour exprimer du sérieux devant Dieu
Dans la Bible dans son ensemble, le jeûne est lié à la prière. Il ne suffit pas de seulement jeûner. Tout le but du jeûne est de créer plus de temps pour la prière et de montrer à quel point nous prenons au sérieux le but de notre prière.

Lorsque nous jeûnons nous disons à Dieu: « Seigneur, cette situation qui m'a amené à genoux devant toi me préoccupe plus que mon propre corps et ses besoins quotidiens de nourriture. » Le jeûne est puissant parce que nous venons vers Dieu dans une attitude de sérieux qui nous engage à un niveau plus profond. C'est cette détermination que Dieu honore, et dans le jeûne elle prend une dimension nouvelle. Esaïe 58 parle de liens qui sont brisés sur le plan spirituel et pas seulement physique ou social. Ce passage explique que ces chaînes sont rompues par le jeûne et la puissance du Saint-Esprit.

Jeûner pour la récompense
Jésus a promis que le Père récompenserait ceux qui le chercheraient avec un coeur entier et sincère. Matthieu 6:18 montre que cette recherche inclut le fait de jeûner comme Dieu le veut. Il y a quelque chose de puissant concernant le jeûne. Si le jeûne est fait avec un coeur pur et de justes motivations, il nous amènera en effet plus près de Dieu. Les textes de Jacques 4:10 et Esaïe 40:31 illustrent ce principe.

Si notre souci principal est de plaire à Dieu et de le glorifier, l'idée même du jeûne nous paraîtra naturelle. Nous ne nous inquiéterons pas de ce que les autres pourraient penser de nous, si bien que nous ne ressentirons pas le besoin d'agir comme les hypocrites du verset 16 ni de nous habiller ou de nous conduire de manière à impressionner les autres par notre spiritualité.

Lorsque nous vivons sous la domination de Dieu, nous n'avons pas besoin de règles qui nous indiquent quand jeûner, quels habits porter, comment prier etc… Dieu lui-même nous parlera directement et nous guidera sur tout ce qui concerne

Le règne de Dieu

l'être et le faire. Lorsque nous serons entièrement préoccupés par Dieu, lorsque notre seul souci sera d'être justes devant lui et de lui plaire en tout, nous saurons que nous sommes en sécurité dans ses mains. Et celui qui voit tous les secrets de notre vie spirituelle nous récompensera devant tous, en ce grand jour qui vient.

Chapitre Sept

La vie physique dans le royaume

Dans Matthieu 5, Jésus expose les grandes lignes du caractère des vrais disciples. Il décrit comment ils devraient se conduire dans la société. Il fixe les standards selon lesquels il s'attend à ce qu'ils vivent. Dans Matthieu 6, il dresse le tableau de la vie du royaume vécue dans le monde et nous avons remarqué que le thème dominant de ce chapitre est notre relation avec le Père, alors que nous vivons sous la domination de Dieu dans le monde. Le chapitre six de Matthieu considère deux domaines de la vie de disciple. Dans le sixième chapitre de notre présent livre, nous avons considéré les versets 1 à 18 qui se préoccupent de la dimension spirituelle de notre vie. Il y a deux questions fondamentales que nous devons constamment nous poser concernant notre vie spirituelle. À qui est-ce que j'essaye de plaire, ou qui est-ce que j'essaye d'impressionner? Quelles sont mes motivations? Le principe clef dont nous devons toujours nous souvenir est que le Dieu qui voit tout nous observe, il voit ce que nous faisons et pensons en secret.

Maintenant nous allons examiner ce que nous enseignent les versets 19 à 34 sur la dimension physique de nos vies, le côté ordinaire de notre quotidien. Les versets 19 à 34 suggèrent qu'il y a deux questions de base que nous devons nous poser à propos de notre vie physique: Qui est mon maître? Au service de qui est-ce que je me trouve? Le fait important dont nous devons toujours nous souvenir est que Dieu ne tolérera aucune puissance rivale dans la vie de ses sujets.

Ces versets nous montrent que Dieu recherche une loyauté totale et une confiance absolue dans la vie de ceux qui font partie de son royaume. Ce sont les questions de seigneurie,

Le règne de Dieu

royauté et gouvernement qui sont fondamentales pour la vie de disciple.

Jésus s'occupe de deux domaines où nous sommes tentés:

- ◆ Les versets 19-24 montrent que nous ne devons pas *servir* ni aimer le monde
- ◆ Les versets 25-34 disent que nous ne devons pas nous faire de soucis en ce qui concerne le monde.

Il est important que nous voyions que Jésus traite les deux aspects du problème en les mettant en rapport avec notre relation avec le Père.

Dieu ou *Mamon*?

Matthieu 6:24 déclare que les disciples « ne peuvent servir Dieu et *Mamon* ». *Mamon* est le mot araméen qui désigne la richesse ou les richesses et le fait que Jésus utilise ce mot ici suggère que la « richesse » est une rivale de Dieu dans nos affections. *Mamon* est une puissance qui essaye de nous dominer et de nous rendre esclaves alors que nous devrions être sujets de Dieu lui seul.

Cela ne signifie pas que les pièces de monnaie et les billets de banque sont mauvais, mais plutôt qu'il y a des forces spirituelles derrière la forme matérielle de la richesse. Ces forces nous promettent l'accès à la puissance, à une position, au prestige, à des privilèges et une protection, par le moyen de la richesse ou des richesses. Ces forces de ténèbres ont une puissance et une emprise sur la plupart des gens mais ne devraient pas avoir de prise sur les disciples. Selon Jésus, la puissance de l'argent est un faux dieu dont nous devons nous détourner pour servir le Dieu vivant et vrai. Le rejet continuel de *Mamon* dans notre vie physique ou matérielle est une exigence de base de la vie de disciple.

La richesse peut donner aux gens un sentiment de sécurité. Elle semble apporter la liberté, le pouvoir et la satisfaction. Partout les gens recherchent furieusement la richesse.

La vie physique dans le royaume

Pourtant Dieu désire que ses disciples trouvent leur sécurité, leur liberté, leur pouvoir et leur contentement en Jésus seul, il désire qu'ils le cherchent lui et son trésor céleste, avec tout ce qu'ils possèdent. Aux versets 19 à 21, Jésus montre le contraste entre les trésors amassés sur la terre et ceux qui sont amassés dans le ciel. Les trésors terrestres peuvent pourrir ou être volés alors que les trésors célestes sont durables. L'ensemble de l'enseignement de Jésus sur les richesses et l'argent nous aide à voir comment nous pouvons rechercher le meilleur trésor et résister à la puissance de *Mamon*.

Les exigences de la vie de disciple
Nous avons déjà vu que Jésus demande souvent aux gens de tout quitter et le suivre. Dans ce demi-tour qui consiste à tout laisser pour suivre Jésus, dans la vie de disciple et le ministère exercé avec Jésus, il y a le renoncement à *Mamon*. Par exemple:

- Lévi a quitté le monde de *Mamon* pour devenir un disciple, Luc 5:27–28.
- Simon, André, Jacques et Jean ont quitté leur entreprise et leur merveilleuse pêche pour être disciples, Luc 5:1–11.
- Le jeune homme riche respectueux de la loi a trouvé le pouvoir de *Mamon* plus attirant que la promesse de l'héritage céleste, Luc 18:18–23.
- Les instructions données aux douze pour le ministère ne laissaient aucune place à *Mamon*, Matthieu 10:7–10.
- Les soixante-douze reçurent des ordres semblables, Luc 10:1–12.

Les trésors célestes et les trésors terrestres
Dans Matthieu 6:19–21, Jésus place les disciples devant un choix sans équivoque: les trésors terrestres ou les trésors célestes. Dans Matthieu 6:24, il explique: « Nul ne peut servir deux maîtres. Car ou il haïra l'un et aimera l'autre, ou il

Le règne de Dieu

s'attachera à l'un et méprisera l'autre. Vous ne pouvez servir Dieu et *Mamon*. »

De toute évidence, le choix raisonnable pour les disciples est celui des trésors célestes. Toutefois, la puissance de *Mamon* fait qu'il nous est difficile de résister à la tentation d'avoir faim des trésors terrestres. Dans Luc 12:33-34, Jésus explique comment nous amassons ou gagnons des trésors dans le ciel. Il est clair que les actes généreux dont il parle ici détruisent aussi la puissance de *Mamon* dans nos vies. Luc 16 est un chapitre important au sujet de *Mamon* et des vraies richesses. Au lieu d'être esclaves de *Mamon*, nous sommes appelés à utiliser les richesses de manière à entrer dans les « habitations éternelles » et les « vraies richesses ».

Les disciples qui se soumettent à la domination de Dieu ont été libérés de l'esclavage de *Mamon*. Ils sont appelés à manifester cette liberté par la fidélité avec laquelle ils gèrent les biens dont ils ont la charge et par le fait de donner avec la générosité et la compassion divines. Jésus nous presse de donner comme Dieu dans des versets tels que Matthieu 5:42 et Luc 6:30-38. Ces passages mettent en exergue les actions que Dieu récompense par des trésors célestes.

De bons ou de mauvais yeux
A première vue, les versets 22-23 introduisent une coupure dans l'enseignement de Jésus. Une analyse superficielle conclurait que le verset 24 est probablement mal placé, et devrait plutôt suivre directement les versets 19 à 21. Pourtant, nous savons que ce point de vue ne repose pas sur un fondement juste. Le verset 24 vient après les versets 22-23 aussi bien qu'après les versets 19-21 parce que la conclusion de Jésus « vous ne pouvez servir Dieu et *Mamon* » concerne autant ces deux versets que les deux précédents.

Les versets 19 à 21 se concentrent sur le fait « d'amasser » *Mamon*. Ils parlent d'avoir notre coeur appliqué à l'accumulation de richesses et de possessions matérielles, et visent l'attitude qui dit : « ces choses m'appartiennent, je peux en faire ce que

La vie physique dans le royaume

je veux ». Les versets 22–23 parlent de « voir » *Mamon* en ayant constamment les yeux fixés sur des choses que nous voulons ou dont nous pensons avoir besoin. Ils montrent que le monde de nos pensées est tellement plein des choses de *Mamon* qu'il ne reste plus beaucoup d'espace pour les choses de Dieu.

Nous ne servons pas *Mamon* seulement en mettant notre confiance dans les richesses et en nous accrochant à ce que nous avons, mais aussi en pensant constamment aux choses matérielles en les voyant avec « les yeux de notre intelligence », en rêvant tout éveillé à la manière dont notre vie pourrait s'améliorer si seulement nous avions ceci ou cela. Ces versets sont la manière dont Jésus décrit comment nous regardons les choses. Selon lui, il n'y a que deux manières de regarder à tout ce qui est dans le monde:

- ◆ Avec un oeil en bon état, il s'agit de l'oeil du disciple qui voit les choses à la manière de Dieu, qui voit les choses pour ce qu'elles sont vraiment, sans « voir double ».

- ◆ Avec un oeil en mauvais état, il s'agit de l'oeil qui voit les choses de manière trouble, floue, colorée par des préjudices et les désirs du monde.

Au verset 21, Jésus déclare que notre coeur est là où est notre trésor. Il montre maintenant que nos pensées sont aussi affectées par les trésors offerts par *Mamon*. Nos opinions et notre perspective éthique sont souvent teintées par une tendance à attacher une soi-disant valeur aux choses matérielles. Ainsi dans notre recherche de sécurité et d'espérance nous pouvons être détournés de Dieu et conduits vers *Mamon*. Le commentaire de Paul concernant un collègue, dans 2 Timothée 4:10, montre à quel point ces choses peuvent affecter notre service pour Dieu. Malheureusement beaucoup de disciples ne reconnaissent pas ce piège car leurs yeux ne sont pas bons et ne voient pas les choses clairement.

Dans Luc 21:34–36, Jésus avertit ses disciples du danger des soucis de la vie qu'il place au même rang que l'ivrognerie. Car

Le règne de Dieu

pour lui, ces choses vont distraire les disciples qui ne le suivront plus d'aussi près qu'ils le devraient. Les trésors terrestres sont si puissants qu'ils s'emparent de toute la personnalité d'un individu. L'ennemi les utilise pour déchirer notre coeur, nos pensées et notre volonté.

Nous avons établi que ce que nous faisons est le résultat de ce que nous pensons. Nous pouvons voir maintenant que ce que nous pensons est déterminé par notre trésor. Notre trésor, ce à quoi nous attachons le plus de valeur, déterminera la manière dont nous pensons et agissons.

Aimer et haïr Dieu
Matthieu 6:24 est l'une des déclarations les plus sérieuses de Jésus: « Nul ne peut servir deux maîtres. Car, ou il haïra l'un, et aimera l'autre; ou il s'attachera à l'un et méprisera l'autre. Vous ne pouvez servir Dieu et *Mamon*. » Dieu, autant que *mamon*, sachant que ce dernier correspond à l'amour des trésors terrestres, nous placent face à des exigences absolues. Les choses de ce monde, physiques, demandent notre dévouement total. Elles veulent que nous leur attachions du prix par-dessus tout et que nous vivions pour elles. Or Dieu exige la même chose.

Les paroles de Jésus dans Luc 18:22 et Matthieu 10:37 illustrent l'exigence totale du royaume. Nous sommes appelés à être dominés par Dieu seul. Il n'y a pas de place prévue dans nos affections pour un quelconque rival. C'est ou bien, ou bien. Il n'y a pas de compromis possible. Beaucoup de disciples ne réalisent pas que le matérialisme sous toutes ses formes s'oppose à Dieu. Ils reconnaîtront volontiers que certains systèmes économiques qui sont ouvertement anti-Dieu ne sont pas compatibles avec le christianisme, mais ils n'ont pas saisi la vérité biblique selon laquelle toute forme de matérialisme est essentiellement athée.

Selon Jésus, si nous avons un quelconque amour pour les choses matérielles, nous haïssons Dieu. Il y a beaucoup de

La vie physique dans le royaume

gens qui pensent qu'ils sont chrétiens, ils adorent, ils prient, ils lisent leur Bible, ils témoignent etc… Mais ils vivent aussi pour les trésors terrestres. Le verset 23 commente: « combien seront grandes ces ténèbres! »

Dans 2 Rois 17:24–41, l'histoire des Assyriens montre qu'il y a un parallèle frappant entre eux et beaucoup de disciples modernes. Ils craignaient sincèrement le vrai Dieu mais ils continuaient à servir leurs propres dieux en même temps. Ils essayaient de mélanger le fait de suivre Dieu avec leurs propres voies païennes, « jusqu'à ce jour ».

Dans Matthieu 7:21–23, la conclusion que tire Jésus à la fin du sermon sur la montagne ne devrait pas nous surprendre. En effet, elle est la conséquence naturelle de ses paroles dans Matthieu 6:24. Nous servons soit Dieu soit *Mamon*. C'est soit tout pour Dieu et rien pour *Mamon*, soit un peu pour *Mamon* et rien pour Dieu.

Beaucoup de croyants pensent que l'intensité de leur vie spirituelle se mesure par leur consécration à Dieu. Pourtant il semble que Jésus soit encore plus concerné par la dimension physique de nos vies. Nous pouvons prier, jeûner et aider les gens tout en restant fascinés par *Mamon* et les trésors terrestres. Mais nous mettrons toujours Dieu et sa domination en premier si nous n'avons pas de temps pour les choses de *Mamon*.

Les soucis ou la foi?
Dans Matthieu 6:19–24, Jésus accentue le danger qui consiste à amasser des trésors sur la terre, à vivre à un degré ou un autre pour les possessions matérielles. Aux versets 25–34, il continue par souligner à quel point il est inutile de se faire du souci pour cette sorte de choses terrestres.

Certains disciples n'ont peut être pas beaucoup de richesses ni beaucoup de possessions, mais ils peuvent toutefois être accaparés par *Mamon* parce qu'ils se soucient constamment des problèmes physiques de la vie. L'ennemi ne s'inquiète pas de savoir si nous amassons des richesses ou si nous nous

Le règne de Dieu

faisons des soucis à propos des choses matérielles. Tout ce qui l'intéresse c'est de s'assurer que nos pensées soient préoccupées par *Mamon* plutôt que par Dieu. Son seul souci est de distraire les disciples dans leur marche avec Dieu, et il utilisera toutes sortes de moyens pour parvenir à ses fins.

Dans ces versets, Jésus raisonne avec ses disciples. Il utilise trois arguments et ils introduit chacun par l'expression « ne vous inquiétez donc point », aux versets 25, 31 et 34.

Ne vous laissez pas distraire
La plupart des versions de la Bible traduisent le verbe grec *merimnao* soit par « ne vous inquiétez pas » soit par « ne soyez pas en souci pour » ou « ne vous faites pas de souci pour ». Toutefois *merimnao* est dérivé du verbe merizo qui signifie diviser quelque chose d'avec autre chose, ou partager avec. *Merimnao* signifie littéralement « diviser la pensée ».

Jésus dit à ses disciples que le monde de leurs pensées ne doit pas être compartimenté, déchiré entre plusieurs idées, qu'ils ne doivent pas penser quelque chose aujourd'hui et autre chose demain et qu'ils devraient au contraire avoir leurs pensées entièrement centrées sur Dieu. Il nous donne en fait l'ordre suivant: « ne vous laissez pas distraire » dans votre attention et ainsi éloigner de Dieu, sa domination et son caractère fidèle. Luc 10:38–42 illustre ce point en commentant sur le fait que Marthe était « occupée » à divers soins domestiques ou en d'autre termes « s'était laissée distraire ». Jésus lui dit qu'elle s'inquiète et s'agite pour beaucoup de choses, mais que sa soeur n'a qu'un but, celui d'entendre les paroles de Jésus.

Dans Matthieu 6:25–34, Jésus nous avertit de ne pas nous laisser distraire de l'objectif principal de la vie du disciple par les soucis ordinaires des affaires matérielles de la vie. Il ne dit pas que nous ne devrions jamais penser à la nourriture, aux habits et à notre santé, mais il nous recommande plutôt avec insistance de ne pas permettre à ces choses de nous laisser distraire de notre écoute de la parole de Dieu.

La vie physique dans le royaume

Dans son premier « ne vous inquiétez pas », aux versets 25 à 30, Jésus donne quatre raisons pour lesquelles les disciples ne devraient pas être partagés dans leurs pensées ou se laisser distraire.

1. La vie est plus que…
Premièrement il nous rappelle que notre vie est beaucoup plus importante que la nourriture que nous mangeons ou les habits que nous portons. Ce sont des affaires secondaires qui ne devraient pas devenir un fardeau d'inquiétude ou d'anxiété. Les autres choses sont beaucoup plus importantes.

Nous devons nous rappeler que Dieu nous a donné notre vie. Il est la source ultime derrière tout ce que nous sommes et tout ce que nous faisons. Il est celui qui pourvoit de manière ultime derrière notre besoin quotidien de nourriture, de vêtements et de santé. Et parce qu'il nous a faits et nous soutient, nous n'avons pas besoin de nous inquiéter de manquer du nécessaire.

Comme les oiseaux, nous devons trouver notre nourriture et construire notre nid. Mais comme les oiseaux, Dieu veillera à ce que nous ayons ce dont nous avons besoin. Jésus n'explique pas comment Dieu pourvoit, il montre simplement que Dieu pourvoit.

2. Dieu est notre Père céleste
Au verset 26, Jésus montre que Dieu pourvoit aux besoins de toute sa création et que nous en faisons partie. Mais ensuite il rappelle aux disciples que le Créateur est aussi leur « Père céleste ».

Nous n'avons pas besoin de nous inquiéter parce que Dieu pourvoit aux besoins de toutes ses créatures. Mais les disciples ne sont pas seulement les créatures de Dieu, ils ont aussi une relation personnelle avec lui. Nous sommes ses enfants et il est notre Père. De ce fait nous avons encore moins de raisons de nous inquiéter. Si Dieu prend soin des animaux qu'il a créés, pouvons-nous penser un seul instant qu'il oubliera ses enfants?

3. Les soucis sont inutiles

Au verset 27, Jésus rappelle à ses disciples le caractère essentiellement vain des soucis. Le souci est impuissant. Il ne peut rien faire bouger, c'est une perte de temps complète.

Personne ne sait vraiment si Jésus parle d'ajouter une longueur à notre « taille » ou à la « durée de notre vie », mais les soucis ne changent ni l'une ni l'autre. Notre vie est un don de Dieu. Il la commence, il la termine, il la soutient, nous sommes donc complètement dans ses mains. Notre Père est derrière toutes choses, c'est pourquoi nous n'avons pas besoin de nous inquiéter et ne devrions pas perdre de temps à nous faire inutilement du souci.

4. Nos soucis démontrent que nous avons peu de foi

Au verset 30, Jésus déclare que les disciples qui s'inquiètent des choses qui concernent leur vie physique démontrent qu'ils ont peu de foi. C'est là leur problème et la cause de toutes leurs inquiétudes. Jésus n'accuse pas ses disciples de ne pas avoir la foi, car ils sont ses disciples et ils écoutent ses paroles. Ils croient suffisamment en Jésus pour avoir commencé à le suivre mais ils ne croient pas suffisamment en lui pour ne pas se faire de soucis.

Beaucoup de disciples sont sûrs que Dieu a tout fait pour leur assurer le salut dans la vie à venir, mais ils sont beaucoup moins convaincus que Dieu va s'occuper d'eux dans cette vie sur la terre. Ils ont une foi pour le spirituel mais n'ont pas de foi pour le domaine physique. Ils ne réalisent pas que Dieu s'intéresse à tous les aspects de leur vie. Ils ont compartimenté leur vie en domaines distincts et ils font confiance à Dieu pour la dimension spirituelle de leur vie mais pas pour leurs besoins physiques. Toutefois, la vérité c'est que tout ce qui concerne notre vie est spirituel si elle est vécue dans l'Esprit – la vie chrétienne ne devrait pas connaître une telle division entre le sacré et le séculier, car Jésus est Seigneur sur tous les domaines de notre vie.

Après avoir donné ces quatre raisons pour lesquelles

La vie physique dans le royaume

les disciples ne devraient pas s'inquiéter de leurs besoins physiques, Jésus continue dans les versets suivants, 31-34, en répétant son « ne vous inquiétez donc pas » et avance trois conclusions importantes.

1. Soyez différents des païens

Dans tout le sermon sur la montagne, Jésus insiste constamment pour dire que le royaume est opposé au monde et que les attitudes du royaume ne sont pas celles du monde. Il revient à ce thème au verset 32 et montre que les disciples sont supposés rechercher des choses assez différentes de celles que recherchent les gens qui les entourent.

Nos amis et nos voisins se soucient d'affaires matérielles comme l'argent, le travail, l'habitat, les vacances, la voiture, la nourriture et les habits. Nous devrions sortir du lot à la fois par notre manière de penser et notre langage. Tout l'enseignement de Jésus tourne autour du fait que la vie du royaume est complètement différente de celle du monde et cette remarque de Jésus au verset 32 n'est qu'une illustration supplémentaire de ce thème central du sermon sur la montagne.

2. Sachez que Dieu sait

A plusieurs reprises dans son sermon, Jésus rappelle constamment et avec douceur à ses disciples que leur Père voit bien et sait bien. Il sait ce que nous pensons, il voit ce que nous faisons, il est conscient de notre moindre besoin. Cela devrait nous procurer un grand soulagement de savoir que Dieu connaît vraiment tous nos besoins les plus profonds, rien n'est caché à ses yeux. Les disciples qui saisissent vraiment cette vérité sont ceux qui sont libérés des soucis et de l'anxiété.

3. Concentrez-vous sur le royaume

Matthieu 6:33 est l'un des versets les plus connus de la Bible: « Cherchez premièrement le royaume et la justice de Dieu et toutes ces choses vous seront données par-dessus. » Au lieu de se faire du souci à propos de l'aspect physique des

Le règne de Dieu

affaires de la vie, les disciples devraient se concentrer sur leur relation avec Dieu, sur le fait d'être dominés personnellement et directement par Dieu. Ils devraient mettre l'accent sur la manière de Dieu « d'être juste ».

Ce verset ne s'adresse pas aux incroyants pour leur expliquer comment devenir chrétiens, mais aux disciples pour leur expliquer ce que signifie être chrétien. Nous devons mettre le royaume en premier. Nous devons chercher la domination de Dieu avec toutes les fibres de notre être. Nous devrions penser plus à notre relation avec Dieu qu'à n'importe quoi d'autre.

Nous avons vu en ce qui concerne les attitudes du royaume que les disciples qui ont faim et soif de justice sont ceux qui sont remplis. Nous retrouvons le même principe ici. Les disciples qui cherchent d'abord le royaume et la justice de Dieu sont ceux qui découvrent, presque par hasard, qu'ils ont aussi toutes les autres choses dont ils ont besoin pour leur vie terrestre dans le monde. Le monde cherche les choses du monde, et trouve des soucis, de l'anxiété et de la crainte. Mais les disciples qui cherchent Dieu trouvent la paix, l'assurance, la sécurité avec en plus la provision matérielle adéquate pour leurs besoins physiques.

La foi pour l'avenir

Matthieu 6:34 contient le dernier « ne vous laissez pas distraire » de Jésus. Ici il fait un pas de plus dans son enseignement sur les inquiétudes en parlant de la crainte de l'avenir. Si l'ennemi ne peut pas nous tenter de nous inquiéter des problèmes matériels et physiques auxquels nous faisons face aujourd'hui, il essayera de nous envahir par la peur du lendemain.

Beaucoup de disciples font confiance à Dieu pour aujourd'hui, mais ne semblent pas sûrs que Dieu puisse les aider demain. Ils envisagent toutes sortes de possibilités, imaginent les scénarios les plus incroyables et se font du souci pour toutes ces projections en même temps! Ils se demandent toujours: « Et si cela arrivait? » « Et cette possibilité? » « Comment est-ce que je vais m'en tirer? ». Tout

La vie physique dans le royaume

ce que Jésus a dit dans cette section de son enseignement sur les soucis et la foi s'applique également à l'avenir. L'inquiétude est inutile. Le Père sait ce dont nous aurons besoin. Nous devons avoir la foi, être différents, rechercher le royaume etc…

Lorsque nous nous inquiétons de l'avenir, nous nous paralysons par rapport à notre présent. Parce que nous vivons dans un monde déchu, un monde opposé au royaume, presque chaque jour nous apporte son lot de difficultés et d'épreuves. Nous devons donc continuer à chercher Dieu pour qu'il nous donne sa direction et la force de résoudre toutes les choses que le monde nous jette à la figure aujourd'hui. Et nous devons nous assurer de ne pas être distraits par quoi que ce soit qui appartienne à l'avenir, spécialement en nous faisant du souci pour des choses qui n'arriveront peut être jamais ou que Dieu règlera au bon moment.

Nous devons résister à ces pensées, refuser ces suggestions qui nous poussent à nous inquiéter de notre avenir. Au lieu de cela, nous devrions chercher le royaume de Dieu et sa manière d'être juste aujourd'hui en sachant que le Dieu auquel nous faisons confiance aujourd'hui sera tout aussi fiable demain.

Chapitre Huit

Le jugement dans le royaume

Nous avons vu que le Sermon sur la Montagne commence par la description que fait Jésus du caractère du disciple. Jésus continue, dans Matthieu cinq, par souligner la relation du disciple avec le monde et avec la loi. Dans le chapitre six, il examine la vie du disciple dans le monde, en relation avec le Père. Maintenant, dans Matthieu 7:1–6, le sermon donne la description que fait Jésus de la relation du disciple avec ceux qui l'entourent.

Ne jugez pas
Le jugement est le grand thème de tout le chapitre sept de Matthieu. Jésus commence cette section avec une déclaration claire et nette: « Ne jugez pas », qu'il fait suivre de trois raisons pour lesquelles les disciples ne devraient pas juger les autres.

Ce principe ne peut pas signifier que les disciples ne devraient jamais émettre un quelconque jugement ou exprimer la moindre opinion, car le verset 6 n'aurait plus lieu d'être. En effet si les disciples n'ont pas la possibilité d'exercer une quelconque forme de jugement, comment pourraient ils distinguer un « chien » ou un « pourceau »? Le verset 15 serait également difficile à comprendre car Jésus y établit le principe selon lequel il faut juger de quelqu'un s'il est ou non un faux prophète.

Jésus ne nous dit pas de ne jamais exercer de jugement, il est plutôt concerné par la manière dont nous critiquons et condamnons les autres. Jésus interdit la mauvaise manière de juger. Il nous avertit de l'attitude critique qui condamne les autres. Il dénonce la tendance à être hautain et se croire juste, à regarder les autres avec mépris. Il s'agit de l'attitude qui se plaît à critiquer, qui sur toutes les questions abordées s'attend à trouver une erreur. Il semble que pour cette mentalité, on ne peut espérer mieux que le pire.

Dans le Sermon sur la Montagne, Jésus est toujours plus concerné par nos attitudes que par nos actions. Il en est de même ici: c'est très important que les disciples exercent leur jugement et expriment leur point de vue à la manière de Dieu et avec les motivations du Christ.

Nous pouvons dire que le jugement est faux quand:

- ◆ Il est apporté d'une manière négative et critique. Toute critique est un péché si son motif est de détruire et non de construire, même si la critique en question peut être vraie en soi.

- ◆ Il est apporté dans un esprit de propre justice. Les gens critiquent souvent les autres pour détourner l'attention d'eux-mêmes et donner l'impression qu'ils sont eux-mêmes au-dessus de tout soupçon, ou pour faire porter le chapeau à quelqu'un d'autre. Nous le voyons dans Genèse 3:12.

- ◆ Il n'est pas adouci par la miséricorde. Nous savons que les disciples sont appelés à être miséricordieux si bien qu'un jugement ne devrait jamais être apporté d'une manière dure et sans merci. Nous devrions toujours être positifs et généreux dans la manière dont nous parlons des autres et les estimons. Nous le voyons dans Ephésiens 4:2, 32 et Philippiens 4:5.

- ◆ Il est tendancieux ou contient des préjugés. Les gens sont habituellement plus généreux dans leur évaluation d'eux-mêmes et celle des gens qu'ils aiment que dans leur évaluation de ceux qu'ils n'apprécient pas. Le jugement est faux s'il se nourrit de préjugés contre la personne jugée ou de préjugés sur la provenance sociale ou le groupe à laquelle cette personne appartient, Jacques 2:1–4.

Le jugement dans le royaume

- ◆ S'il est donné sans tenir compte de tous les faits. Une présentation partielle de la vérité communique habituellement une image complètement fausse de la réalité. En utilisant les faits à notre disposition de manière sélective, on peut facilement mal juger d'une situation, Proverbes 18:17.

- ◆ Si le jugement est prononcé derrière le dos de quelqu'un. Il ne s'agit de rien de moins que de médisance ou de calomnie selon Ephésiens 4:31. Tous ceux qui sont impliqués dans un conflit devraient être présents pour se dire la vérité dans l'amour et avoir l'occasion de s'expliquer ou faire un rapport sur la situation ou sur un comportement.

- ◆ Si le jugement est rendu selon des standards humains. La plupart des jugements sont faits sur la base de la compréhension des hommes et des normes en vigueur dans le monde. La parole de Dieu et les attitudes caractéristiques du royaume sont toutefois le seul standard à partir duquel nous pouvons juger. Jean 7:24 montre que nous ne devons pas juger sur les apparences mais d'après la justice de Dieu.

- ◆ Si le jugement porte sur les motivations des gens. Seul Dieu voit et connaît l'être intérieur, le coeur des gens. C'est à peine si nous connaissons nos propres motivations si bien que nous sommes très mal placés pour évaluer correctement les motivations des autres, 1 Samuel 16:7 et 1 Corinthiens 4:4.

- ◆ Si le jugement est présenté comme final. Nous devons toujours faire attention dans nos jugements. Matthieu 13:24–30 montre que le jugement final est réservé au roi. Nous pouvons avoir fait erreur et nous devons exprimer la possibilité que nous nous soyons trompés, comme Paul le fait dans 1 Corinthiens 13:9. Nous

Le règne de Dieu

devons montrer que nous sommes prêts à changer d'avis. Nous ne pouvons jamais condamner une autre personne sur le champ ou prononcer une sentence définitive, 1 Corinthiens 4:5.

Si le jugement est fait sans aucune déférence pour Dieu en tant que juge suprême. Nous sommes tous appelés à prononcer certains jugements dans diverses circonstances, mais jamais à « jouer » le rôle de Dieu. Lui seul est le Juge selon Jacques 4:12. Nous sommes en danger d'usurper le rôle qui revient exclusivement à Dieu chaque fois que nous cherchons une certaine forme de revanche ou que nous essayons de faire payer le mal qui nous a été fait, Romains 12:19 et 1 Corinthiens 4:5.

Dans Matthieu 7:1–6, Jésus présente aux disciples trois raisons irréfutables de ne pas juger.

1. Afin que nous ne soyons pas jugés

Matthieu 7:1 déclare: « Ne jugez point, afin que vous ne soyez point jugés. » La raison principale pour laquelle nous ne jugeons pas les autres c'est que nous ne voulons pas être jugés nous-mêmes par le roi. 1 Jean 2:28 nous encourage à ne pas avoir de raisons d'avoir honte quand nous verrons Dieu face à face. Nous devons vivre aujourd'hui en prenant nos précautions si nous ne voulons pas avoir honte devant lui en ce jour-là.

Le Nouveau Testament décrit trois jugements:

- ◆ Le jugement final, un jugement de base qui déterminera notre statut devant Dieu et séparera les croyants des incroyants, les brebis des boucs, ceux qui iront en enfer de ceux qui iront au ciel.

- ◆ Le jugement continu, qui consiste à émonder, châtier les croyants, tel qu'il est décrit dans 1 Corinthiens 5:1–8 et 11:27–32.

- ◆ Le jugement des récompenses pour les croyants quand Dieu leur distribuera l'héritage et les récompenses qui ont été citées dans notre étude sur le royaume. Par exemple 1 Corinthiens 3:8, 2 Corinthiens 5:9–11, Galates 6:5 et 2 Timothée 1:16–18.

Dans Matthieu 7:1, Jésus se réfère au troisième type de jugement. Quand nous jugeons les autres, nous influençons la tournure que prendra notre propre jugement le jour où Dieu distribuera les récompenses et l'héritage du royaume. Les disciples qui jugent les autres ne perdront pas leur salut, mais il vont sans aucun doute perdre quelque chose.

2. Afin que nous n'établissions pas nous-mêmes le critère de notre propre jugement

La seconde raison de ne pas juger invoquée par Jésus se trouve dans Matthieu 7:2. Lorsque les disciples jugent les autres, non seulement ils attirent un jugement sur eux-mêmes, mais encore ils établissent le critère sur lequel Dieu va les juger. Si nous sommes prompts à juger, et avides d'éplucher la vie des autres pour les condamner, nous ne pourrons pas nous plaindre si Dieu fait exactement la même chose avec nous.

3. Parce que nous sommes incapables de juger

Dans Matthieu 7:3–5, Jésus utilise le sarcasme et l'ironie pour expliquer que nous ne devons pas juger les autres parce que nous ne pouvons simplement pas rendre un jugement de manière appropriée. Il démontre que si nous étions vraiment préoccupés de la justice et de la vérité, nous commencerions par nos propres vies, nous serions même encore plus critiques vis-à-vis de nous-mêmes que nous le sommes vis-à-vis des autres. Jésus dit que notre état nous rend incapables d'aider les autres. La poutre dans notre oeil nous empêche totalement d'enlever la paille qui se trouve dans l'oeil d'une autre personne. Nous ne pouvons pas aider les autres à se débarrasser d'une petite faute si nous sommes personnellement aveuglés par une énorme poutre.

Le règne de Dieu

Il nous traite d'hypocrites. Car nous ne tenons pas vraiment à aider cette personne, nous sommes beaucoup plus intéressés à l'idée de pouvoir la condamner. Nous faisons semblant d'être horrifiés de découvrir une petite faille, mais au fond de notre coeur nous sommes ravis de pouvoir pointer ce défaut du doigt. Pour Jésus, si nous voulons vraiment aider les autres, nous devons d'abord nous occuper de nos propres manquements.

Lorsque nous nous verrons vraiment nous-mêmes, nous ne jugerons plus personne de la mauvaise manière. Le meilleur moyen de ne pas avoir cet esprit critique est de nous assurer d'être remplis des belles attitudes du royaume, à savoir être vraiment pauvres en esprit, nous attrister sur notre pauvreté, être doux etc…

Faites tout de même des distinctions
Dans Matthieu 7:1-5, Jésus apprend à ses disciples à ne pas condamner les gens. Toutefois il continue immédiatement par montrer dans Matthieu 7:6 que les disciples doivent faire la distinction entre ceux qui sont des chiens et ceux qui ne le sont pas, et il montre que les disciples ne doivent pas traiter ces deux groupes de gens de la même manière.

Nous devons résister à la tentation d'être critiques et prompts à condamner les autres. Mais nous devons aussi accepter les instructions du Nouveau Testament qui nous demande « d'éprouver toutes choses » et « d'éprouver les esprits », 1 Thessaloniciens 5:21 et 1 Jean 4:1-3.

Les paroles de Jésus sont très fortes: « Ne donnez pas les choses saintes aux chiens, et ne jetez pas vos perles devant les pourceaux, de peur qu'ils ne les foulent aux pieds, ne se retournent et ne vous déchirent. » De même que les paroles de Jésus sur le jugement ne signifiaient pas littéralement que nous ne devions pas exercer le moindre jugement, de même ces paroles ne peuvent pas signifier que nous ne devrions jamais témoigner aux incroyants, car Jésus leur a prêché et a envoyé les disciples leur prêcher. Ces mots soulignent plutôt

Le jugement dans le royaume

l'importance de faire une distinction entre les gens et entre des groupes de gens.

Les Evangiles rapportent comment Jésus s'est adressé différemment à chaque personne qu'il a rencontrée. Il avait une attitude envers les Pharisiens et une autre attitude envers les gens ordinaires. Il a parlé à Pilate mais il est resté silencieux devant Hérode. Au début de l'Evangile de Jean, il a une conversation avec Nathanaël, Nicodème et une femme samaritaine: la vérité qu'il leur confiait était toujours la même mais il s'est adressé à ces trois personnes de manières différentes.

Il y a cinq principes que nous pouvons tirer de ces versets de Matthieu 7:

1. Nous devons apprendre à faire une distinction entre les personnes

Nous devons reconnaître que chaque personne prise individuellement est unique et a une grande valeur aux yeux de Dieu. Nous ne devrions pas être mécaniques dans nos rapports avec autrui, mais nous devrions découvrir la manière dont nous pouvons aider chaque personne au mieux. Si nous sommes plus concernés par ce que nous essayons de dire que par la personne que nous essayons d'aider, nous ne sommes pas remplis d'une attitude semblable à celle du Christ.

Nous devons aussi reconnaître que beaucoup de gens sont fondamentalement opposés au royaume, même s'ils ne le réalisent pas eux-mêmes, et que nous devrons peut-être parfois avoir envers eux la même attitude que celle de Christ envers les scribes et les Pharisiens. Beaucoup de chrétiens pensent que nous sommes tous appelés à être gentils avec tout le monde, mais Matthieu 23 nous montre le contraire.

2. Nous devons apprendre comment traiter chaque personne

Nous devons apprendre quelle est l'aide ou la parole appropriée pour chaque personne dans chaque situation. En

Le règne de Dieu

suivant la progression de Jésus, nous pouvons voir qu'une fois que nous avons ôté la poutre de notre oeil nous serons impatients d'aider tous ceux qui ont une poussière dans l'oeil. Nous devrons apprendre quels sont les yeux qui vont bien et n'ont pas besoin de soins, et quels sont les yeux qui ont besoin d'une aide délicate. Enlever une petite escarbille de l'oeil de quelqu'un requiert un soin et une sensibilité immenses et dans ce sens nous avons besoin d'être plein de tacts dans nos relations et d'éviter toute approche maladroite.

Dans les Evangiles, nous pouvons voir comment Jésus traitait chaque personne de manière spéciale et nous devons faire la même chose. Cela signifie vivre sous la domination personnelle et directe de Dieu. Nous avons besoin d'entendre sa voix et de ne pas nous appuyer sur notre propre expérience. Nous devons suivre ses instructions.

3. Nous devons apprendre à faire attention à la manière dont nous traitons les gens

Dans le Sermon sur la Montagne, Jésus s'emploie à montrer les persécutions inévitables qui attendent ceux qui le suivent vraiment. Mais dans Matthieu 7:6 il explique que certains disciples peuvent se faire inutilement mettre en pièces. Ce verset montre qu'avec le soin et le tact qui sont nécessaires, nous pouvons éviter que la parole de Dieu soit piétinée et que nous soyons nous-mêmes attaqués et déchirés.

Parfois nous serons persécutés pour la justice. Mais parfois nous serons déchirés parce que nous avons fait la folie de jeter nos perles devant les pourceaux. Jésus ne nous dit pas d'ignorer les pourceaux ou de les laisser mourir de faim. Il montre simplement la stupidité qui consiste à leur donner autre chose que de la nourriture réservée aux cochons. Si nous savons à quoi ressemble quelqu'un, il n'y a pas de gloire à le traiter d'une manière qui le rendra furieux.

Le jugement dans le royaume

4. Nous devons apprendre à utiliser les «perles» de la bonne manière

Lorsque Jésus se réfère aux perles, il se réfère clairement au message du royaume. Dans Matthieu 13:44-46, Jésus compare le royaume à une perle et à un trésor caché. La nouvelle de la domination personnelle de Dieu est une bonne nouvelle, mais elle n'apparaît pas comme telle à tous. Pour certains elle est sans valeur, ridicule et dépassée.

Le Sermon sur la Montagne était le message particulier de Jésus à ses disciples personnels, et non des paroles qu'il destinait aux scribes et aux Pharisiens ou aux pécheurs curieux. Nous ne devons donc pas nous attendre à ce que les standards du royaume soient respectés par les «pourceaux» et les «chiens», ni chercher à les leur imposer. Nous devons nous assurer de ne pas présenter des vérités inappropriées à ceux auxquels nous témoignons.

5. Nous devons apprendre à accepter le fait que certaines personnes sont des « pourceaux »

Si Jésus n'avait pas lui-même utilisé l'expression « chiens » et « pourceaux », nous reculerions devant cette vérité. Nous devons pourtant accepter le fait que le péché et les ténèbres rendent certains hommes et certaines femmes profondément ennemis de la vérité. A l'origine, les « cochons » et les « chiens » se référaient aux Gentils impies. Aujourd'hui, dans le contexte du Sermon sur la Montagne, ces mots se réfèrent au monde incroyant antagoniste, opposé au règne de Dieu.

Tite 3:3-7 décrit l'effet du péché sur les gens. Il les transforme en ennemis de Dieu. Certaines personnes sont tellement esclaves du péché, polluées et déformées par ses tromperies, qu'elles deviennent vraiment les équivalents spirituels des pourceaux et des chiens. Lorsque nous saisissons cette vérité nous devrions être remplis de compassion et de tristesse. Un cochon ne peut pas s'empêcher de faire le cochon. On ne peut pas le réformer ou le cajoler pour lui faire changer de conduite.

Le règne de Dieu

Il n'y a que le Saint-Esprit de Dieu qui puisse transformer quelqu'un.

Le don de discernement
Comme dans tous les domaines de la vie de disciple, nous avons besoin de l'aide du Saint-Esprit si nous voulons pouvoir clairement faire la distinction entre différentes personnes et identifier parmi elles qui sont les « cochons ». Le don spirituel de « discernement » mentionné dans 1 Corinthiens 12:10 est en partie donné par l'Esprit pour nous rendre capables de distinguer entre le bien et le mal et d'identifier ceux qui se retourneront contre nous et nous mettront en pièces.

Le mot grec pour discernement est *diakrisis*, et signifie « jugement exercé complètement » ou « séparation faite à fond ». Il est utilisé dans Matthieu 16:3, 1 Corinthiens 6:5; 11:29–31; 12:10 et 14:29. Le don de discernement correspond à une compréhension spirituelle donnée par Dieu et qui opère de la même manière que les autres dons spirituels.

Cela montre que nous avons besoin de nous appuyer sur Dieu si nous voulons pouvoir faire une distinction claire. Nous ne devrions pas juger les gens sur la base de notre propre compréhension, expérience et discernement. Nous devrions plutôt les évaluer en nous appuyant sur l'éclairage qui nous est donné par Dieu, par son Esprit.

Le pardon
Bien que Jésus ne mentionne pas le pardon dans ce passage du Sermon sur la Montagne, il est utile de savoir comment réagir par rapport à la blessure que nous ressentons lorsque nous avons été « déchirés en morceaux » par quelqu'un. Jésus enseigne ses disciples sur le pardon dans Matthieu 6:14–15. Il leur conseille vivement de pardonner aux autres et déclare que la manière dont ils pardonneront aux autres sera la manière dont Dieu les pardonnera.

Le jugement dans le royaume

Comme nous l'avons vu pour Matthieu 7:2, Jésus parle ici dans la perspective du « jugement des récompenses ». Le pardon auquel il se réfère n'est donc pas à priori le pardon fondamental des péchés qui détermine notre destinée éternelle. Il s'agit plutôt d'un éclairage concernant la distribution future des récompenses et de l'héritage aux disciples. Ce thème de la rétribution est en effet sous-jacent à tout le Sermon sur la Montagne.

Jésus leur recommande avec insistance d'être caractérisés par le pardon dans Matthieu 18:21–35. Il leur a démontré comment le faire pratiquement en pardonnant ceux qui étaient littéralement en train de le déchirer en morceaux, dans Luc 23:33–34.

Lorsque les gens nous blessent par leurs paroles ou leurs oeuvres, nous devons les pardonner. Il y a cinq principes du royaume que nous avons déjà notés et qui s'appliquent aussi ici:

- Dieu est le Juge, lui seul sait vraiment ce qui s'est passé.
- Nous avons fait pire nous-mêmes, il n'y a que ceux qui n'ont pas de péché qui peuvent jeter la pierre.
- Ils ne savent peut être pas ce qu'ils font, ils sont peut être esclaves du péché
- Nous nous blessons nous-mêmes, nous perdons notre récompense et augmentons la gravité de notre jugement si nous ne pardonnons pas aux autres
- Nous faisons plaisir à l'ennemi en ne pardonnant pas, car son but est de mettre les gens à l'écart.

En pardonnant aux autres la première étape consiste à reconnaître que quelqu'un a péché contre nous et que par voie de conséquence nous avons été blessés. Beaucoup de gens trouvent difficile d'admettre qu'ils se sentent blessés, mais il n'y a rien de mal à cela. En fait nous ne pouvons offrir le pardon à quelqu'un que si nous sommes d'accord d'accepter que du mal nous a été fait et que nous sommes blessés.

Le règne de Dieu

La deuxième étape consiste à réagir face à cette blessure d'une manière qui honore Dieu. Nous pouvons lire à ce sujet Matthieu 5:44-48, Romains 12:17-21 et 1 Pierre 2:21-23. Nous ne sommes pas appelés à nous venger mais à offrir le don du pardon, qui devrait lui-même être renforcé et suivi par des actions spécifiques exprimant notre amour.

La dernière étape c'est de demander à Dieu de nous consoler, de guérir nos blessures et nous libérer du ressentiment et de l'amertume et de bénir la personne que nous avons pardonnée. 2 Corinthiens 1:3-7 montre comment Dieu console ses disciples lorsqu'ils sont blessés.

Chapitre Neuf

La réalité du royaume

Nous arrivons maintenant à la dernière section du Sermon sur la Montagne. Dans Matthieu 7:7–29, Jésus présente les réalités du royaume. Il offre à ses disciples une série de conclusions dont les principes sont censés les aider à vivre dans le royaume de manière permanente.

Continuez à chercher Dieu
Les disciples s'étaient assis pour écouter Jésus enseigner sur le royaume et l'avaient entendu énoncer les standards qu'il s'attendait à les voir respecter. Ils avaient commencé à réaliser à quel point ils devaient être différents du monde. Ils avaient commencé à prendre conscience qu'ils étaient supposés penser et vivre comme Jésus. Leur justice, leur « manière d'être juste », devaient largement dépasser celle des Pharisiens. Ils étaient censés être parfaits comme Dieu était parfait. Tous les domaines de leur vie devaient être remodelés selon la nature et l'attitude de Dieu. Tout ce qu'ils pensaient, tout ce qu'ils faisaient et tout ce qu'ils étaient était sous le regard scrutateur du Père qui voit tout. Mais comment tout cela allait-il être possible ?

Il est facile de les imaginer assis sur le flanc de la montagne, buvant les paroles de Jésus, se laissant inspirer par les merveilleuses images qu'il leur présentait pour réaliser soudain que chaque parole que Jésus leur disait s'adressait à eux personnellement. Ces principes, ces standards élevés et impossibles à atteindre étaient ses paroles pour chacune de leur vie. Il s'attendait vraiment à ce qu'ils vivent comme cela. Il croyait sincèrement que chacune de leur vie individuelle pourrait correspondre à ses paroles.

Le règne de Dieu

Matthieu 7:7-29 représente la réponse de Jésus au « comment cela peut-il se faire? » qui devait se lire sur le visage de tous les disciples qui l'écoutaient. Et ayant nous-mêmes lu les paroles de Jésus sur le royaume, ayant permis à nos propres vies d'être scrutées par son enseignement, nous aussi, nous avons sûrement été convaincus de notre propre besoin de changer. La plupart d'entre nous a probablement murmuré: « mais comment? » à chaque nouveau verset de tout ce Sermon sur la Montagne.

Matthieu 7:7-29 est la réponse que Jésus adresse à ses disciples du premier siècle – et à nous – et elle commence par les mots: « Demandez, et l'on vous donnera, cherchez, et vous trouverez, frappez et l'on vous ouvrira. » Jésus est en train de dire à ses disciples qu'il n'y a pas de raison de désespérer. Tout ce que nous avons à faire est de nous précipiter vers le roi pour qu'il nous donne sa capacité. Il nous suffit de demander, de chercher et de frapper pour obtenir sa provision de transformation.

Continuez à demander, avec persistance
Nous ne devons pas demander cela qu'une seule fois, puis garder le silence. Certaines personnes suggèrent qu'une approche de ce type est synonyme de foi mais nous savons que la foi signifie en réalité dépendre de Jésus et agir sur ses paroles. Le mot grec utilisé ici dans Matthieu 7:7 montre que Jésus ne nous dit pas de demander une fois seulement mais de continuer à demander, continuer à frapper et continuer à chercher. Cette nuance apparaît encore plus clairement dans la parabole de Luc 11:5-13 qui sert d'illustration à cette parole.

Dans le cas présent, la foi, le fait de s'appuyer sur les paroles de Jésus, signifie demander avec persistance, chercher et frapper jusqu'à ce que notre propre vie reflète toutes les attitudes et réponde à tous les critères du royaume de Dieu. Cela signifie qu'il doit nécessairement y avoir une certaine insatisfaction au fond de nous-mêmes. Le Nouveau Testament nous encourage toujours à « être contents » de nos circonstances matérielles et sociales, mais nous lance le défi de ne pas nous contenter des progrès spirituels que nous avons faits.

Les passages tels que Colossiens 3:1-2 et Philippiens 3:12-14 nous demandent instamment de persévérer, de se porter en avant. Ces passages nous recommandent vivement d'avoir une telle faim de Dieu et de sa manière de vivre que nous le cherchions constamment, pour qu'il nous transforme et aussi pour qu'il nous donne la force nécessaire d'en finir avec nos habitudes et nos attitudes de péché.

Parfois notre désir d'être remplis des belles attitudes du Christ et de répondre à ses critères sera tellement fort que nous aurons le désir spirituel de chercher Dieu tel qu'il est décrit au Psaume 63:2. Mais, parfois, notre demande et notre recherche seront plutôt caractérisées par la soumission et la discipline spirituelles décrites dans Osée 10:12.

Continuer à demander en croyant à la promesse
Dans les versets 7 et 8, Jésus répète six fois sa promesse selon laquelle notre demande rencontrera du succès. Nous devons nous rappeler qu'il ne s'agit pas ici de promesses générales concernant la prière mais plutôt de promesses qui se rapportent de manière spécifique au royaume, ses critères, ses attributs et son caractère.

- ◆ « Et il vous sera donné »
- ◆ « Et vous trouverez »
- ◆ « Et l'on vous ouvrira »
- ◆ « Car quiconque demande reçoit »
- ◆ « Celui qui cherche trouve »
- ◆ « On ouvre à celui qui frappe ».

Jusqu'à ce moment là dans le Sermon sur la Montagne, Jésus a fait dix-sept promesses de récompense et onze promesses de jugement. L'ensemble du sermon plaide auprès des croyants pour qu'ils soient raisonnables en détournant leurs

Le règne de Dieu

yeux du monde et en regardant de l'avant vers le grand jour du jugement. Ce jour-là, les croyants seront récompensés dans la mesure où ils auront plu à Dieu. Le crescendo de promesses que nous observons aux versets 7 et 8 de Matthieu 7 souligne à quel point Dieu est impatient de nous récompenser, à quel point il désire nous rendre capables de lui plaire. Mais, souvenez-vous, il n'impose jamais sa domination à personne, nous devons nous soumettre à lui volontairement.

Continuez à demander, en vous souvenant du Père
Nous avons vu que Jésus utilise l'ironie pour souligner certains points dans son enseignement. Il le fait de nouveau aux versets 9 à 11 pour rappeler à ses disciples que pendant qu'ils sont dans le monde, leur vie dans le royaume est centrée sur leur relation avec un Père bon, généreux et miséricordieux.

Entre Matthieu 5:1 et 7:6, Jésus renvoie quatorze fois ses disciples à «votre Père». Il rappelle avec une grande insistance que Dieu les regarde, qu'il veille sur eux et qu'il attend de pouvoir les récompenser. Ici, dans Matthieu 7:9–11, Jésus déclare que leur Père est bien meilleur que le meilleur père humain et qu'il donnera de bonnes choses à ceux qui les lui demandent. Dans Luc 11:11–13, les bonnes choses en question se trouvent être le Saint-Esprit.

Nous devons nous rappeler que le Saint-Esprit est l'Esprit du royaume. Jésus a inauguré l'âge de l'Esprit à la Pentecôte. C'est ainsi que nous expérimentons le royaume. Cela signifie vivre dans la présence de l'Esprit, en se soumettant à sa direction, en obéissant à ses impulsions. Alors que nous recherchons Dieu, il intensifie l'oeuvre de son Esprit dans nos coeurs et nous aide à conformer nos coeurs au style de vie de ceux qui vivent sous sa domination.

Jésus ne nous assure pas que Dieu répondra à nos prières si nous lui demandons des trésors terrestres et une vie confortable. Il promet plutôt que Dieu nous donnera tout ce dont nous avons besoin pour vivre la vie du royaume dans le monde et il montre que l'Esprit correspond exactement

La réalité du royaume

à notre besoin. Jésus ne nous a pas donné le Sermon sur la Montagne pour que nous en fassions des commentaires mais pour que nous le mettions en pratique, et c'est l'Esprit qui nous aide à appliquer cet enseignement. Sans son aide, il nous est impossible de plaire à Dieu et de vivre sous sa domination.

Le livre « *Connaître l'Esprit* » de cette série *l'Epée de l'Esprit* présente une image biblique complète de tout ce que Dieu veut faire en nous et par nous par son Saint-Esprit et nous montre comment fonctionne notre partenariat avec l'Esprit dans la pratique.

Se rappeler de la loi royale
La deuxième conclusion de Jésus apparaît dans Matthieu 7:12 et le principe qu'il y expose résume tout le Sermon sur la Montagne. Il ramène tout ce qu'il a enseigné à une simple phrase qui montre ce que signifie pratiquement le fait de vivre sous sa domination. « Tout ce que vous voulez que les hommes fassent pour vous, faites-le de même pour eux, car c'est la loi et les prophètes. »

Même si Jésus ne le dit pas, il nous amène plus loin que les détails de la loi mosaïque pour que nous en découvrions le principe sous-jacent. Le vrai esprit de la loi mosaïque c'est que nous aimions notre prochain comme nous-mêmes, et ce commandement apparaît pour la première fois dans Lévitique 19:18 et revient ensuite sept fois dans Matthieu 19:19; 22:34–40, Marc 12:28–34, Luc 10:25–37, Romains 13:8–10, Galates 5:14 et Jacques 2:8–13.

Le principe qui est à la base de la loi montre que nous devons nous intéresser à nos prochains, que nous devrions les aimer et vouloir les aider, que nous devrions être concernés par leur bien-être et leur bonheur, autant que nous désirons la réalisation de notre propre bonheur. Nous devons reconnaître que nos prochains sont des gens comme nous, avec des sentiments et des manquements similaires aux nôtres, et nous devrions les traiter comme nous voudrions qu'ils nous traitent nous-mêmes. Bien sûr, il s'agit justement de la chose que nous

Le règne de Dieu

trouvons difficile. Nous ne faisons pas cela et nous ne voulons pas le faire parce que nous aimons notre « moi » et que nous pensons à notre « moi » et à nos propres désirs. Dieu conteste toujours cet égocentrisme.

Le royaume règle le problème de l'amour du « moi » en nous demandant de chercher Dieu premièrement, de le mettre avant notre « moi ». Les exigences de son royaume nous humilient et nous aident à nous concentrer sur lui et à réaliser notre propre pauvreté en esprit. Les exigences du royaume nous rendent aussi capables de voir les autres un peu plus tels qu'ils sont, pas comme des gens qui sont là pour nous blesser, mais comme des pécheurs avec nous qui sont paralysés par le péché et esclaves de *Mamon*.

Lorsque nous continuons à chercher Dieu et que nous réalisons finalement qu'il est un bon Père qui nous traite avec miséricorde et grâce, nous sommes forcément poussés à traiter les autres avec la même miséricorde et la même grâce. Nous commençons à les voir comme Dieu nous voit et donc nous commençons à les aimer et à nous aimer nous-mêmes.

Cela nous amène à la motivation la plus élevée pour vivre la vie du royaume. Nous ne nous conformons pas simplement extérieurement aux règles et aux régulations. Qu'importe notre sincérité en pensant que nous pouvons plaire à Dieu de cette manière, ce n'est tout simplement pas ce que Dieu nous demande. Seule une obéissance aimante en réponse à la bonté de Dieu et sa grâce nous amène vers le coeur du Père. Nous vivons pour Dieu en partant d'une reconnaissance pleine d'amour et c'est la base de la règle d'or proposée ici par Jésus. C'est la « loi de l'amour », la « loi royale de la liberté », un coeur modelé et marqué par l'amour de Dieu.

Entrer par la porte étroite

Le troisième principe avec lequel Jésus conclut son sermon, dans Matthieu 7:13–14 n'est pas un résumé de ce qu'il vient de dire. Le contenu du sermon a déjà été entièrement communiqué mais Jésus rappelle maintenant à ses disciples

La réalité du royaume

l'urgence de son message et les encourage à l'appliquer dans leur vie quotidienne.

Nous devons comprendre qu'il ne s'agit pas ici de versets qui montrent comment devenir chrétien. Ces paroles s'adressaient au contraire aux disciples qui suivaient déjà Jésus et qui avaient entendu son message sur le royaume. Les disciples recevaient donc la recommandation pressante de prendre conscience que la vie du royaume n'était pas un thème dont ils pouvaient débattre mais quelque chose à vivre. Les paroles de Jésus exigeaient une réponse immédiate de leur part et une action rapide.

Les disciples qui écoutaient Jésus devaient décider s'ils allaient rentrer de la montagne et commencer à vivre la vie du royaume ou s'ils allaient continuer à suivre Jésus comme ils l'avaient fait avant. Dans ces versets, Jésus laisse le choix entre une porte étroite suivie d'un chemin difficile, qui conduit à la vie, et une porte large suivie par un chemin facile, qui conduit à une destruction inévitable.

Le tourniquet d'entrée d'un stade ou un passage aménagé dans une clôture en milieu rural seraient les meilleures interprétations de la porte étroite décrite ici par Jésus. Quand nous pensons à ces images, nous pouvons voir qu'elles impliquent un certain nombre de choses dont aucune n'est nouvelle car elles ont toutes été abordées au cours de l'enseignement de Jésus.

Nous ne pouvons rien emporter avec nous, la porte est trop étroite pour laisser passer un quelconque bagage, nous devons tout laisser derrière nous, le monde, les voies du monde, le « moi », *Mamon*… etc…

- ◆ Nous devons passer par cette porte tout seul, il s'agit d'une réponse personnelle, individuelle.

- ◆ Nous devons être prêts à faire face aux difficultés. La persécution, la solitude, les épreuves et les souffrances sont autant de choses qui nous sont garanties.

- ◆ Nous serons différents, nous sortirons du lot, nous

Le règne de Dieu

serons minoritaires, nous serons inhabituels et exceptionnels, nous subirons des moqueries du fait que nous aurons choisi le chemin difficile.

◆ Nous devons regarder à l'avenir, nous allons en direction de la vie, c'est ce qui nous permet de continuer la route, l'autre chemin peut paraître plus facile sur le moment mais il conduit à une destruction certaine.

Nous avons déjà remarqué que le jugement est le grand thème du chapitre sept. Du verset 13 à la fin du chapitre, Jésus se réfère plusieurs fois à cette question du jugement pour souligner le fait que ce qui concerne le royaume est une affaire de vie ou de mort. Par exemple il parle de «destruction» au verset 13, de « vie » au verset 14, de « feu » au verset 19 et de « ce jour » au verset 22.

Face à cette éternité, il est important de nous assurer d'être sur ce chemin étroit. Nous devons notamment veiller à accepter tous les choix difficiles que Jésus nous propose et être sûrs que nous sommes prêts à «calculer le prix» du royaume à cause des gloires qui nous sont réservées.

Attention aux faux prophètes
Dans la quatrième partie de sa conclusion, aux versets 15 à 20, Jésus avertit ses disciples qui contemplent le chemin étroit. Il les met en garde contre les faux prophètes et leur montre le principe selon lequel la vie du royaume est censée porter du bon fruit.

Nous savons que la vie du royaume signifie vivre sous la domination de Dieu. Nous ne dépendons pas d'un code de lois ou d'un système, nous nous appuyons sur Dieu et sa parole. En insérant son avertissement sur les faux prophètes à cet endroit de son sermon, Jésus montre clairement qu'il y aura des gens qui prétendront connaître et annoncer la parole de Dieu en essayant de nous détourner du chemin étroit.

Les faux prophètes disent qu'ils apportent la parole de Dieu mais Dieu ne les a pas envoyés, comme nous le voyons

La réalité du royaume

dans Jérémie 23:9–40. Jésus ne parle pas ici des gens qui sont carrément dans l'erreur, d'enseignants qui sont des hérétiques notoires ou qui vivent dans une vie de péché fragrante. Il se réfère à ceux qui ressemblent à des brebis, qui paraissent inoffensifs mais qui par-dessous sont des loups ravisseurs.

Dans l'Ancien Testament, Deutéronome 13:1–5, 18:21–22, Jérémie 23:9–40 et Ezéchiel 12:21 à 14:11 sont des passages qui nous proposent cinq tests pour reconnaître les faux prophètes:

- ◆ L'échec de leur prophéties en terme de prédictions (bien que le corollaire ne soit pas nécessairement vrai: l'accomplissement d'une prédiction n'est pas une preuve d'authenticité).

- ◆ Ils attirent les gens vers leurs dieux. Leur style de vie est immoral.

- ◆ Ils ne réprimandent pas l'immoralité chez les autres.

- ◆ Ils réclament la paix sans se soucier le moins du monde des conditions morales ou spirituelles nécessaires à cette paix.

Jésus montre que nous ne devons pas juger les gens à leur apparence spirituelle superficielle mais à leurs effets, au fruit de leur ministère et de leur vie personnelle. Il n'est pas sûr si l'allusion de Jésus au « fruit » se réfère à l'enseignement, au style de vie personnel ou aux résultats attendus d'un prophète, mais il désigne probablement les trois. Les principes que nous trouvons dans Actes 10:43 et Apocalypse 19:10 sont d'importance cruciale, à savoir que tout vrai prophète attire l'attention sur Jésus, sa vie, ses critères et son oeuvre.

Tous ceux qui prétendent connaître la parole de Dieu ou l'annoncer sont de faux prophètes s'ils appellent les disciples à s'éloigner des difficultés et du chemin étroit. Ils sont faux s'ils ne vivent pas eux-mêmes l'aspect étroit de la vie du royaume et si ceux qui les écoutent n'empruntent pas eux-mêmes le chemin étroit qui mène à la vie. Nous devons nous « garder »,

Le règne de Dieu

car l'ennemi fera tout ce qui est en son pouvoir pour détourner l'attention des disciples de Dieu et les égarer loin du sentier difficile et étroit du roi pour les faire entrer sur son autoroute lisse et facile.

Quand Jésus utilise l'image du fruit, il nous rappelle encore une fois que la manière de penser du royaume est censée faire la différence dans notre manière de vivre et pour ceux qui nous entourent. Notre changement de pensée devrait conduire à un changement de comportement. Nos attitudes devraient devenir nos actions. Le sel et la lumière devraient mettre en oeuvre toutes les choses que nous avons notées à leur propos. Le verset 19 montre clairement que si la domination de Dieu dans nos vies ne porte pas de bons fruits, nous subirons son jugement.

Le vrai test
Le cinquième principe contenu dans les versets 21–23 nous enseigne que le vrai test du royaume n'est pas ce que nous disons, ni les dons que nous exerçons, mais le fait de faire la volonté du Père. De nouveau, il est important de ne jamais oublier que Jésus parle ici à ses disciples comme dans tout le reste du Sermon sur la Montagne. Ces versets ne parlent donc pas de la manière dont on devient chrétien, mais de la manière de vivre notre vie chrétienne. Nous devons continuer à nous rappeler que le jugement dont parle Jésus dans tout son sermon n'est pas le jugement de base qui sépare les croyants des incroyants et expédie les gens au ciel ou en enfer. C'est le jugement des récompenses auquel seuls les croyants seront admis.

Jésus ne dit pas que les gens qui sont ses disciples, qui connaissent Jésus comme leur Seigneur et ont partagé son autorité et transmis ses paroles seront bannis en enfer. Il dit au lieu de cela qu'il y aura beaucoup de surprises «en ce jour-là» lorsque les récompenses et l'héritage seront distribués. Il y aura des disciples qui ont apparemment fait de grandes oeuvres pour le royaume qui seront renvoyés sans récompenses. Il s'agit

La réalité du royaume

là d'un thème récurrent de Jésus dans tout son enseignement sur le royaume.

Au bout du compte, plaire à Dieu revient à faire la volonté du Père. La domination de Dieu signifie se soumettre au roi dans tous les domaines et les détails de notre vie. Les récompenses célestes sont obtenues en obéissant aux paroles de Jésus. Le jugement vient soit parce que nous avons eu la présomption de faire notre propre volonté ou parce que nous avons refusé de faire la volonté de Dieu. Il n'y a pas d'autre test de la foi.

Mettre tout cela en pratique
Le sermon se termine par une histoire. Jésus a fini ses instructions détaillées et posé ses grands principes. Maintenant il applique sa vérité. Il a confronté les disciples avec deux possibilités, le chemin étroit ou la route large et leur a montré comment éviter les dangers qu'ils rencontreront. Ici, aux versets 24 à 27, il leur raconte une histoire pour illustrer tout ce qu'il a dit.

Il y avait deux hommes et deux maisons. Les deux hommes voulaient exactement la même chose, à savoir une maison dans laquelle ils pourraient vivre avec leur famille. Ils construisirent des maisons proches l'une de l'autre et très similaires. En fait, à première vue, les deux maisons avaient l'air exactement pareilles. Jésus semble suggérer que les deux hommes devaient avoir beaucoup de points en commun.

Toutefois dans Luc 6:46–51, nous pouvons voir qu'il y a de réelles différences entre eux. Le fou est impatient: il veut sa maison tout de suite, il ne prend pas le temps de creuser les fondations. Il ne réfléchit pas aux conséquences possibles de sa méthode et ne s'inquiète pas d'apprendre des autres. De son côté le sage veut bien bâtir et de manière durable. Il ne prend aucun raccourci. Il est prêt à apprendre. Il réfléchit avant d'agir.

Le but de cette parabole est de montrer que les paroles de Jésus ne sont vraiment puissantes que lorsqu'elles sont suivies d'obéissance. Le bâtisseur fou est fou pour une seule raison – il entend les paroles de Jésus mais n'agit pas sur la base de ce

Le règne de Dieu

qu'il a entendu. Il n'a donc pas de fondation. Rappelez-vous que Jésus finit juste d'établir les bases qui porteront la structure de ce qu'un disciple chrétien devrait être – c'est-à-dire comment un chrétien devrait vivre sous la domination de Dieu. Mais Jésus ne savait que trop bien que beaucoup se satisferaient de l'écouter sans faire ce qu'il venait de leur enseigner. Ainsi il conclut délibérément son sermon par l'illustration des deux bâtisseurs. En s'y prenant de cette manière, Jésus souligne que ses paroles ne sont pas des options accidentelles à rajouter à notre vie – elles sont des paroles fondatrices, des paroles sur lesquelles on doit construire une vie.

Les maisons auraient pu se ressembler mais les fondations, cette partie invisible de la construction, étaient différentes. Deux prophètes peuvent sembler inoffensifs, mais peuvent différer en profondeur. Deux disciples qui prophétisent et chassent des démons peuvent avoir l'air identiques mais peuvent avoir une base différente. Dans toutes ces illustrations, Jésus nous implore de faire preuve de discernement, de regarder au-delà des apparences, de voir que la seule chose qui importe est de faire la volonté de Dieu. Lorsque les difficultés arrivent dans cette histoire, la maison du fou s'écroule et la maison du sage subsiste. Vivre dans le royaume ne nous immunise pas contre les épreuves, nous savons que c'est exactement l'inverse qui est vrai. Mais vivre sous la domination de Dieu nous donne la force d'endurer les épreuves jusqu'à la récompense, si nos fondations sont solides.

Jésus utilise cette histoire pour résumer tout ce qu'il a enseigné sur le royaume. Juste à la fin du sermon, il nous rappelle que son royaume est suprêmement pratique, qu'il consiste à construire des vies qui sont durables et capables de supporter les épreuves. Il nous rappelle enfin que la domination de Dieu nous promet la paix intérieure dans le présent, la force dans les grandes tribulations et une assurance merveilleuse pour l'avenir.

La réalité du royaume

Reconnaître l'autorité de Jésus
Le sermon est fini, mais Matthieu 7 continue par deux versets supplémentaires qui rapportent la réaction des disciples. Les versets 28 à 39 font le commentaire suivant:

« Après que Jésus eut achevé ces discours, la foule fut frappée de sa doctrine, car il enseignait comme ayant autorité, et non pas comme leurs scribes. »

Nous pouvons facilement être préoccupés par le contenu des enseignements de Jésus au point d'en oublier qu'il est l'Enseignant. A la fin du discours, ces versets ramènent l'attention sur lui et son autorité personnelle unique. Si nous avons fait bien attention, nous aurons vu que Jésus attire continuellement notre attention sur lui durant son discours. Il parle de lui-même et de ses paroles plus de vingt fois durant le sermon et montre de la manière la plus claire qu'il est lui-même la seule base sur laquelle s'appuie son enseignement. Nous pouvons le voir dans Matthieu 5:11, 17, 18, 20, 22, 26, 28, 32, 34, 39, 44; 6:2, 5, 16, 25, 29; 7:21, 22, 23, 24 et 26.

Pour dire les choses simplement, notre reconnaissance personnelle de l'autorité de Jésus se mesure à la façon dont nous commençons à chercher Dieu et à dépendre entièrement de sa domination. Si nous le recherchons sincèrement ainsi que sa juste manière d'être, avant tout autre chose dans nos vies, nous construirons sur la meilleure des fondations pour la vie et nous nous dirigerons vers de merveilleuses récompenses célestes.

Comme Jésus l'a montré de manière claire et transparente, il n'y a rien d'autre qui compte pour les disciples. Le chemin de Dieu peut paraître difficile, mais il conduit à la vie après laquelle nous soupirons. Les disciples fous sont les seuls à ne pas voyager sur l'étroit chemin du royaume. Les disciples sages s'assurent d'être dominés par Dieu et de dépendre entièrement de sa parole et de son Esprit.

www.ingramcontent.com/pod-product-compliance
Lightning Source LLC
Chambersburg PA
CBHW031115080526
44587CB00011B/980